LES MARTYRS

du Tribunal Révolutionnaire
de Paris (1793-1794)

✝ ARTICLES

POUR LA CAUSE DE

MONSEIGNEUR DE SAINT-SIMON, ÉVÊQUE D'AGDE

et de ses compagnons,

victimes pour la foi catholique

du Tribunal Révolutionnaire de Paris 1793-1794

et de

MONSEIGNEUR DE CASTELLANE, EVÊQUE DE MENDE

massacré à Versailles,

le 9 Septembre 1792.

PARIS

PIERRE TÉQUI, IMPRIMEUR-ÉDITEUR

82, RUE BONAPARTE, 82

—

1920

PARISIEN SEU MONTISPESSULANEN

Beatificationis seu Declarationis Martyrii Servorum Dei D.D. Caroli Francisci Simeonis DE SAINT-SIMON, episcopi Agathensis, et sociorum ejus, in odium fidei catholicæ interfectorum jussu Tribunalis v. d. Révolutionnaire *Parisiis annis 1793-1794*

Positiones et Articulos infrascriptos dat, exhibet atque producit R. P. Franciscus Xaverius Hertzog, Protonotarius apostolicus, Postulator specialiter constitus, vi procurationis mandati, ad prosequendam Causam super martyrio, causa martyrii, signis seu miraculis, servorum Dei, quorum nomina inferius ordine alphabetico describuntur.

Quibus, ob rationes suo loco relatas, adjunctus est Ill. ac RR. Joannes Arnaldus de Castellane, episcopus Mimatensis, Versaliis interfectus, die nona Septembris, anno 1792.

Postulator idem petit et instat sequentes Positiones seu Articulos ad probandum admitti, ac testes super iisdem examinari ; jura et monumenta ad Causam facientia extrahi et quatenusopus sit produci et compulsari, aliaque fieri necessaria et opportuna, reservata sibi facultate Articulos addendi, minuendi, explicandi, corrigendi; non se tamen adstringens ad onus superfluae probationis, de quo expresse et solemniter protestatur, non solum isto, sed et omni meliori modo. Ad faciliorem autem et communem testium intelligentiam gallico idiomate Articulos ponit.

NUMÉROS des articles particuliers.	NOMS	PRÉNOMS
XIX	ADAM (Dom)	Jacques-Nicolas,
XII	ASSY	Louis-Jean-Charles,
VIII	ATTIRET	Jean-Baptiste-François,
XXII	AUBERT	Anne-Catherine,
XXXII	BASSABLONS (Veuve des)	Thérèse-Guillaudeu,
XV	BROQUET	Pierre,
IX	DE BRUGES	Michel-Ange,
XXXVI	BRUMAULD DE BEAUREGARD	André-Georges,
XXXIII	CONEN DE SAINT-LUC	Victoire,
XXXI	CORMAUX	François-Georges,
XVII	COURTIN (Dom)	Jean-Baptiste,
XXXIV	DE CUSSY	Marie-Louis-Léonor,
XXV	DERVILLÉ	Julien,
XXIII	DESMARAIS (Maille)	Angélique,
III	DESOUCHES	François-Claude,
V	DIDIER	Jean-François,
XXVII	DIEUDONNÉ	Nicolas,
IV	FÉNELON	Jean-Baptiste-Augustin,
XXX	FEREY	Bonaventure,
XXI	GOYON	Geneviève-Barbe,
XXXVII	GUIOT DU RIJOU	Jean,
XIII	HÉBERT	Pierre,
X	DE LAVAL-MONTMORENCY	Marie-Louise,
XXVIII	LHERMITE DE CHAMPBERTRAND	Louis-Claude,
XVIII	MEFFRE (Dom)	Joseph-Antoine,
XXXV	DE MONS DE CARANTILLY	Julien-François-Léonor,
VI	NONANT (Dom)	Félix-Prosper,
XX	OLLIVIER DES PALLIÈRES	Nicolas,
XXIX	PACOT	Louis,
XXVI	PLOQUIN	Jacques-Martin,
VII	QUEUDEVILLE	Germain,
XI	RAOULX	Joseph,
II	ROYER	Honoré-Joseph,
I	DE SAINT-SIMON	Charles-François-Siméon,
XXIV	SAUNIER	Jean-Joseph,
XIV	SELLOS	Léonard-Michel,
XVI	VANCLEEMPUTTE	Pierre-Joachim,
SUPPL.	DE CASTELLANE	Jean-Arnauld,

QUALITÉS	LIEU DE L'ARRESTATION	DATE de la Condamnation à mor par le Tribunal révolutionnaire.
O.S.B. Sacristain de St-Martin-d-Ch.	S^{on} des Gravilliers.	9 germ.an II.
Vicaire perpétuel de St-Martin-d-Ch.	S^{on} de la Cité.	7 thermidor.
Chapelain de St-Eustache à N.-Dame.	S^{on} du Panthéon.	22 messidor.
Fille de Saint-Thomas.	S^{on} des Sans-Culottes.	22 floréal.
Dame de Charité.	Saint-Malo.	2 messidor.
Chapelain de Notre-Dame.	S^{on} Faub. Montmartre.	8 thermidor.
Vicaire-général et Député de Mende.	Paris.	5 thermidor.
Vicaire-Général de Luçon.	Poitiers.	9 thermidor.
Demoiselle de la Retraite.	Quimper.	1 thermidor.
Curé de Plaintel (St-Brieuc).	Franconville (Versail.)	21 prairial.
Vicaire-Général de Cluny.	S^{on} des Gravilliers.	9 germinal.
Vicaire-Général de Coutances.	Coutances.	3 thermidor.
Jésuite.	Orléans.	1 nivôse.
Fille de Saint-Thomas.	S^{on} des Sans-Culottes.	22 floréal.
Vicaire de St-Nicolas-des-Champs.	S^{on} de l'Homme-Armé	19 messidor.
Chanoine de Saint Opportune.	Versailles.	21 messidor.
Princ. du Collège St-Dizier (Langres).	Tailly (Reims).	28 ventôse.
Prieur de St-Sernin-d-Bois (Autun).	Mont-Valérien.	19 messidor.
Anc. bénéficier de Coutances.	St-Denis-s-Sarthon.	14 prairial.
Couturière.	S^{on} des Sans-Culottes.	22 floréal.
Sous-chantre de Poitiers.	Poitiers.	9 thermidor.
Curé de Courbevoie.	S^{on} de la Fraternité.	7 thermidor.
Abbesse de Montmartre O.S.B.	Saint-Denis.	6 thermidor.
Vicaire-Général de Sens.	Sens.	21 floréal.
Maître des novices de St-Martin-d-Ch.	S^{on} des Gravilliers.	9 germinal.
Vicaire-Général de Coutances.	Coutances.	3 thermidor.
Prieur des Chartreux de Paris.	Paris.	21 messidor.
Vicaire-Général de Montpellier.	S^{on} de Marat.	9 floréal.
Dominicain belge.	Givet (Reims).	29 floréal.
Sulpicien de Paris.	Orléans.	7 ventôse.
Oratorien, curé de Coulans (le Mans).	Paris.	22 messidor.
Doctrinaire de Saint-Charles.	S^{on} des Lombards.	7 thermidor.
Conseiller ecclésiastique d'Etat.	Paris.	19 messidor.
Evêque d'Agde.	S^{on} du Bonnet-Rouge.	8 thermidor.
Chapelain de l'Hôpital de Blois.	Blois.	8 brumaire.
Vicaire à Fontenay-les-Louvets.	S^{on} des Fédérés.	7 thermidor.
Vicaire à St-Nicolas-des-Champs.	S^{on} du Finistère.	12 nivôse.
Evêque de Mende.	Dormans.	9 sept. 1792.

TABLEAU COMPARATIF

DU

Calendrier Grégorien et du Calendrier Républicain

pour les dix premiers Mois de l'An II

———————— ✳ ————————

1793 —	1er octobre	10 du premier mois (vendémiaire).
»	21 »	30 »
»	22 »	1er brumaire (2e mois).
»	31 »	10 »
»	1er novembre	11 »
»	20 »	30 »
»	21 »	1er frimaire.
»	1er décembre	11 »
»	20 »	30 »
»	21 »	1er nivôse.
»	31 »	11 »
1794 —	1er janvier	12 »
»	20 »	1er pluviôse.
»	1er février	13 »
»	19 »	1er ventôse.
»	28 »	10 »
»	1er mars	11 »
»	20 »	30 »
»	21 »	1er germinal.
»	31 »	11 »
»	1er avril	12 »
»	20 »	1er floréal.
»	30 »	11 »
»	1er mai	12 »
»	19 »	30 »
»	20 »	1er prairial.
»	31 »	12 »
»	1er juin	13 »
»	19 »	1er messidor.
»	30 »	12 »
»	1er juillet	13 »
»	14 »	26 »
»	19 »	1er thermidor.
»	27 »	9 »

ARTICLES GÉNÉRAUX

—————

1. C'est la vérité que les massacres de septembre 1792 ne furent
que le prélude ou le premier acte des fureurs révolutionnaires contre
les prétendus ennemis de la République, déjà établie en fait, et qui
allait être solennellement proclamée le 22 du même mois. Après
une accalmie relative, la Convention, qui avait remplacé l'Assemblée Nationale Législative, saisit une occasion semblable au bruit
de la prise de Verdun si bien exploitée au 2 septembre, pour terro-
riser ses adversaires, mais cette fois sous le couvert d'une *légalité
indéniable*. Quelques revers à la frontière et le soulèvement de la
Vendée furent les prétextes invoqués pour l'établissement du Tribunal chargé de *venger le peuple*.

A la séance du 10 mars 1792, Danton se fit le promoteur de
cette institution :

« Quoi, citoyens, s'écria-t-il, au moment où notre position est
telle que, si Miranda est battu, et cela n'est pas impossible, Dumou-
riez, enveloppé, serait obligé de mettre bas les armes, vous pourriez
vous séparer sans prendre les grandes mesures qu'exige le salut de
la chose publique ! Je sens à quel point il est important de prendre
des *mesures judiciaires* qui punissent les contre-révolutionnaires :
car c'est pour eux que ce tribunal est nécessaire ; c'est pour eux
que ce *tribunal doit suppléer au tribunal suprême de la vengeance
du peuple.....* Je ne vois pas de milieu entre les formes ordinaires

et un tribunal révolutionnaire. L'histoire atteste cette vérité ; et puisqu'on a osé, dans cette assemblée, rappeler ces journées sanglantes sur lesquelles tout bon citoyen a gémi, je dirai, moi, que si un tribunal eût alors existé, le peuple auquel on a si souvent, si cruellement reproché ces journées, ne les aurait pas ensanglantées..... Faisons ce que n'a pas fait l'assemblée législative ; soyons terribles pour dispenser le peuple de l'être ; organisons un tribunal, non pas bien, cela est impossible, mais le moins mal qu'il se pourra, afin que le glaive de la loi pèse sur la tête de tous ses ennemis. »

Le nouveau Tribunal Révolutionnaire devait connaître « de toute entreprise contre-révolutionnaire, de tous attentats contre la liberté, l'égalité, l'unité, l'indivisibilité de la République, la sûreté intérieure et extérieure de l'Etat, et de tous les complots tendant à rétablir la royauté, ou à établir *toute autre autorité attentoire* à la liberté, à l'égalité et *à la souveraineté du peuple*, soit que les accusés soient fonctionnaires civils ou militaires ou simples citoyens. Les jugements seront exécutés sans recours au tribunal de cassation. » La fidélité au Souverain-Pontife et aux pasteurs légitimes de l'Eglise fut toujours considérée par les juges du Tribunal Révolutionnaire comme l'un des crimes qu'il avait la charge de punir : c'était bien pour eux l'attachement à une *autorité attentatoire à la souveraineté du peuple*.

2. C'est la vérité que, en même temps qu'elle instituait le tribunal révolutionnaire, la Convention s'appliquait à rendre plus rigoureuse, plus inexorable la législation contre le clergé qui n'avait pas prêté le serment constitutionnel, ni celui de liberté et d'égalité.

Le décret du 26 août 1792 obligeait à se déporter hors du territoire français tous les ecclésiastiques *fonctionnaires publics* qui n'avaient pas prêté le serment de fidélité à la constitution civile du Clergé; et si leur âge ou leurs infirmités ne leur permettaient pas le voyage, ils devaient être enfermés dans une maison de réclusion. L'article 6 de ce décret étendait même cette peine à tous autres ecclésiastiques *non sermentés*, séculiers ou réguliers, prêtres, simples clercs, minorés ou frères lais, sans exception ni distinction, quoique n'étant pas assujettis au serment par les décrets des 27 novembre — 26 décembre 1790, et 15-17 avril 1791, — lorsque, par des actes extérieurs, ils *auraient* occasionné des troubles venus

à la connaissance des corps administratifs, ou lorsque leur éloignement *serait* demandé par six citoyens domiciliés dans le même
département.

La Convention accorde d'abord une prime à qui découvrira et
fera arrêter un prêtre sujet à la déportation pour refus de serment
à la Constitution civile du clergé.

14-15 FÉVRIER 1793.

*Décret concernant les personnes rangées par la loi dans la classe
des émigrés et dans la classe des prêtres qui doivent être
déportés* (1).

« La *Convention Nationale* décrète qu'il sera accordé, à titre
d'indemnité et de récompense, la somme de cent livres à quiconque
découvrira et fera arrêter une personne rangée par la loi dans la
classe des émigrés, ou dans la classe des prêtres qui doivent être
déportés, autorise les commissaires par elle envoyés dans les différents départements de la République à suspendre les fonctionnaires
publics qui n'ont pas fait exécuter ponctuellement les lois relatives
aux émigrés et aux prêtres dont la déportation devait être faite ;
ordonne que le Conseil exécutif provisoire rendra compte, sous trois
jours, des mesures qu'il a prises pour faire exécuter lesdites lois ».

3. Un mois après la mesure devient plus violente, la dénonciation
est obligatoire, et le prêtre resté au milieu des fidèles pour les assister
doit être mis à mort.

18-22 MARS 1793 (2).

*Décret relatif au jugement des émigrés et des prêtres déportés
arrêtés sur le territoire français.*

Art. 1. « Huitaine après la publication du présent décret, tout
citoyen est tenu de dénoncer, arrêter ou faire arrêter les émigrés et
les prêtres dans le cas de la déportation, qu'il saura être sur le
territoire de la République

Art. 2. « Les émigrés et les prêtres dans le cas de la déportation,
qui auront été arrêtés dans le délai ci-dessus fixé, seront conduits

———

(1) J. B. DUVERGIER, *Lois, décrets,* etc., t. V, pag. 194.
(2) J. B. DUVERGIER, *Lois, décrets,* etc., t. V, pag. 253.

de suite dans les prisons du district, jugés par un jury militaire, et punis de mort dans les vingt-quatre heures ».

4. C'est la vérité qu'il y eut des évêques et des prêtres assez courageux pour demeurer quand même au milieu des fidèles. A la faveur de déguisements ils purent administrer en secret les sacrements en pleine Terreur. A Paris, plusieurs d'entre eux se trouvaient régulièrement sur le passage des condamnés qu'on conduisait à la guillotine pour leur donner au moment propice la dernière absolution.

5. Quant aux prêtres qui n'avaient pas été tenus à la loi du serment sur la Constitution civile du clergé, la Convention rendit contre eux un nouveau décret pour les bannir de la France s'ils avaient refusé le serment de liberté et égalité.

Ce serment, imposé après la chute de la royauté à tout ecclésiastique ou religieux, même non fonctionnaire, qui désirait continuer à toucher son traitement ou sa pension, avait été diversement interprêté dans les différentes parties de la France. A Paris, où l'on avait pu interroger les législateurs, beaucoup de prélats, de directeurs de Séminaires, de vicaires généraux, d'ailleurs connus pour leur opposition à la Constitution civile, avaient été d'avis qu'on pouvait prêter le nouveau serment *dans le sens purement politique*. Des théologiens rigides ou minutieux avaient été d'un avis contraire et s'étaient crus obligés de faire une règle de conscience à leurs amis ou dirigés de le refuser, et même de le rétracter publiquement. Le Souverain Pontife ne condamna jamais ce serment.

L'article 2 permettait d'ailleurs de frapper aussi bien les ecclésiastiques qui auraient prêté ce serment que ceux qui se seraient abstenus. Il en sera de même des décrets postérieurs.

23-24 AVRIL 1793 (1).

Décret relatif aux prêtres non assermentés,

Art. 1. La *Convention Nationale* décrète que tous les ecclésiastiques, réguliers, séculiers, frères convers et lais, qui n'ont pas prêté le serment de maintenir la liberté et l'égalité, conformément à la

---

(1) J. B. DUVERGIER, *Lois, décrets*, etc., t. V, pag. 319.

loi du 14 août 1792, seront embarqués et transférés sans délai à la Guyane française.

Art. 2. Seront sujets à la même peine ceux qui seront dénoncés pour cause d'incivisme par six citoyens dans le canton. La dénonciation sera jugée par les directoires de département sur l'avis des districts.

Art. 3. Le serment qui aura été prêté postérieurement au 23 mars dernier est regardé comme non avenu (2).

Art. 4. Les vieillards âgés de plus de soixante ans, les infirmes et caducs, seront renfermés, sous huitaine, dans une maison particulière, dans le chef-lieu du département.

Art. 5. Ceux des déportés en exécution des articles 1 et 2 ci-dessus, qui rentreraient sur le territoire de la République, seront punis de mort dans les vingt-quatre heures.

6. C'est la vérité que les malheureux prêtres qui avaient accepté le serment constitutionnel furent l'objet d'une persécution bien plus pénible. L'obligation de marier leurs confrères renégats, la nécessité de renoncer eux-mêmes à leur sacerdoce et de céder la place au *culte de la Raison*, quelle terrible punition pour leur faiblesse ou leur entêtement dans le schisme ! Ils ne purent échapper au tribunal révolutionnaire quand eut paru *la loi des suspects*. Dans les prisons plusieurs eurent l'avantage de retrouver les confrères fidèles qu'ils avaient supplantés et même persécutés, et purent recevoir d'eux le pardon dû à leur repentir tardif. Plusieurs des évêques constitutionnels réparèrent ainsi le scandale de leur apostasie.

7. C'est la vérité que la loi dite des suspects rédigée en termes très-généraux donna le moyen d'étendre la persécution *jusqu'aux catholiques des conditions les plus modestes*. Il fallait créer partout de nouvelles prisons; les Comités de surveillance les emplissaient de personnes arrêtées comme contre-révolutionnaires ou ennemies de la liberté ; beaucoup ne les quittaient que pour monter à l'échafaud.

(2) Cet article 3 mérite une attention spéciale. Pour les insermentés de 1791, comme pour ceux de 1793, aucune possibilité d'échapper aux terribles lois. A aucun on n'a demandé, ni on ne demandera de signe de repentir : *à aucun on ne proposera de réparer le passé par une prestation tardive du serment :* les interrogatoires très nombreux conservés dans les archives du Tribunal Révolutionnaire de Paris ne fournissent pas un exemple contraire à cette affirmation. Les victimes sont immolées parce qu'elles sont dans un ÉTAT DE RÉVOLTE contre les lois révolutionnaires; c'est une *tare indélébile*.

Voici les principaux articles de cette loi :

17 SEPTEMBRE 1793 (1).

Décret relatif aux gens suspects.

Art. 1. Immédiatement après la publication du présent décret, tous les gens suspects qui se trouvent dans le territoire de la République, et qui sont encore en liberté, seront mis en état d'arrestation.

Art. 2. Sont réputés gens suspects : 1° ceux qui, soit par leur conduite, soit par leurs relations, soit par leurs propos ou leurs écrits, se sont montrés partisans de la tyrannie ou du fédéralisme, et ennemis de la liberté ; 2° ceux qui ne pourront pas justifier, de la manière prescrite par le décret du 21 mars dernier, de leurs moyens d'exister et de l'acquit de leurs devoirs civiques; 3° ceux à qui il a été refusé des certificats de civisme ; 4° les fonctionnaires publics suspendus ou destitués de leurs fonctions par la Convention Nationale ou par ses commissaires, et non réintégrés, notamment ceux qui ont été ou doivent être destitués en vertu du décret du 14 août dernier ; 5° ceux des ci-devant nobles, ensemble les maris, femmes, pères, mères, fils ou filles, frères ou sœurs, et agents d'émigrés, qui n'ont pas constamment manifesté leur attachement à la Révolution ; 6° ceux qui ont émigré dans l'intervalle du 1er juillet 1789 à la publication du décret du 30 mars-8 avril 1792, quoi qu'ils soient rentrés en France dans le délai fixé par ce décret ou précédemment.

Art. 3. Les Comités de surveillance établis d'après le décret du 21 mars dernier, ou ceux qui leur ont été substitués, soit par les arrêtés des représentants du peuple envoyés aux armées et dans les départements, soit en vertu des décrets particuliers de la Convention Nationale, sont chargés de dresser, chacun dans son arrondissement, la liste des gens suspects, de décerner contre eux les mandats d'arrêt, et de faire apposer les scellés sur leurs papiers. Les commandants de la force publique à qui sont remis ces mandats, seront tenus de les mettre à exécution sur-le-champ, sous peine de destitution.

. . . .

(1) J. B. DUVERGIER, *Lois, décrets*, etc., t. VI, p. 213.

Art. 10. Les Tribunaux civils et criminels pourront, s'il y a lieu, faire retenir en état d'arrestation comme gens suspects, et envoyer dans les maisons de détention ci-dessus énoncées, les prévenus de délits à l'égard desquels il serait déclaré n'y avoir pas lieu à l'accusation, ou qui seraient acquittés des accusations portées contre eux.

8. C'est la vérité que le décret des 29 et 30 vendémiaire, an II (20-21 octobre 1793) CODIFIA les diverses lois de persécution. Il les aggrava même pour faire disparaître tous les prêtres par la réclusion, la déportation ou la mort. Ce même décret rappelle que leur tête est mise à prix, qu'il y a obligation de les dénoncer et que les RECÉLEURS sont passibles de la déportation, en attendant que quelques mois plus tard ils encourent la peine de mort.

Comme le prouve le texte même du décret.

29 ET 30 VENDÉMIAIRE, AN II (20-21 OCTOBRE 1793) (1).

Décret relatif aux ecclésiastiques sujets à la déportation ou à des peines corporelles.

(Voy. lois du 17 septembre 1793; du 2, du 5, du 11 brumaire, an II; du 22 germinal, an II; du 27 pluviose, an II; et du 22 floréal, an II).

Art. 1. Les prêtres sujets à la déportation, pris les armes à la main, soit sur les frontières, soit en pays ennemi ;

Ceux qui auront été ou se trouveront saisis de congés ou passeports délivrés par des chefs français émigrés, ou par des commandants des armées ennemies, ou par les chefs des rebelles ;

Et ceux qui seront *munis de quelques signes contre-révolutionnaires* seront, dans les vingt-quatre heures, livrés à l'exécuteur des jugements criminels, et mis à mort, après que le fait aura été déclaré constant par une Commission militaire formée par les officiers de l'état-major de la division dans l'étendue de laquelle ils auront été arrêtés.

Art. 2. Ceux qui ont été ou seront arrêtés sans armes dans les pays occupés par les troupes de la République, seront jugés dans les mêmes formes et punis des mêmes peines, s'ils ont été précédem-

---

(1) J. B. DUVERGIER, *Lois. décrets.*, etc., t. VI, pag. 298.

ment dans les armées ennemies ou dans des rassemblements d'émigrés ou de révoltés, ou s'ils y étaient à l'instant de leur arrestation.

Art. 3. La Commission sera composée de cinq personnes prises dans les différents grades de la division.

Art. 4. Le fait demeurera constant, soit par une déclaration écrite, revêtue de deux signatures, ou d'une seule signature confirmée par la déposition d'un témoin, soit par la déposition orale et uniforme de deux témoins.

Art. 5. Ceux de ces *ecclésiastiques qui rentreront*, ceux qui *seront rentrés* sur le territoire de la République, seront envoyés à la maison de justice du Tribunal criminel du département dans l'étendue duquel ils auront été ou seront arrêtés ; et après avoir subi interrogatoire, dont il sera tenu note, ils seront dans les vingt-quatre heures livrés à l'exécuteur des jugemens criminels, et mis à mort, après que les juges du Tribunal auront déclaré *que les détenus sont convaincus d'avoir été sujets à la déportation*.

Art. 6. Les moyens de conviction contre les prévenus, en cas de dénégation de leur part, résulteront de la déposition uniforme de deux témoins que les détenus étaient dans le cas de la déportation.

Art. 7. Si les accusés demandent à justifier de l'extrait du procès-verbal contenant leur prestation de serment, et qu'ils n'en soient pas porteurs, les juges pourront leur accorder un délai strictement nécessaire, ou le leur refuser, suivant les circonstances : si le délai est accordé, les juges seront tenus d'en rendre compte au ministre de la justice, qui en instruira sur-le-champ le Comité de sûreté générale de la Convention Nationale.

Art. 8. Si les prévenus ne justifient de leur prestation de serment dans le délai accordé par le Tribunal, ils seront livrés à l'exécuteur des jugements criminels. Les juges en instruiront pareillement le ministre de la justice, et celui-ci le Comité de sûreté générale.

Art. 9. Dans le cas où ils produiraient le procès-verbal de leur serment de liberté et égalité, conformément au décret du 14 août 1792, l'accusateur public est autorisé à faire preuve, tant par pièces que par témoins, que les accusés ont *rétracté leur serment*, ou qu'ils ont été *déportés pour cause d'incivisme*, aux termes de l'art. 2 du décret du 21 avril dernier, et cette preuve acquise, ils seront mis à mort; dans le cas contraire, ils seront mis en liberté.

Art. 10. *Sont déclarés sujets à la déportation*, jugés et punis comme tels, les évêques, les ci-devant archevêques, les curés conservés en fonctions; les vicaires de ces évêques, les supérieurs et directeurs de séminaires, les vicaires des curés, les professeurs de séminaire et de collèges, les instituteurs publics et ceux qui ont prêché dans quelques églises que ce soit, depuis le décret du 5 février 1791, qui n'auront pas prêté le serment prescrit par l'art. 39 du décret du 24 juillet 1790, et réglé par les articles 21 et 38 de celui du 12 du même mois, et par l'article 2 du décret du 27 novembre de la même année, ou qui l'auront rétracté, quand bien même ils l'auraient prêté depuis leur rétractation.

Tous les ecclésiastiques séculiers ou réguliers, frères convers et lais, qui n'ont pas satisfait aux décrets des 14 août 1792 et 21 avril dernier, ou qui ont rétracté leur serment.

Et enfin, tous ceux qui sont dénoncés pour cause d'incivisme, lorsque la dénonciation aura été jugée valable, conformément au décret dudit jour 21 avril.

Art. 11. Les dispositions de l'art. 2 dudit décret ne sont point applicables aux vieillards âgés de plus de soixante ans, aux infirmes et caducs qui se trouveront dans les cas prévus par les articles I, 2 et 5 du présent décret.

Art. 12. Les ecclésiastiques qui ont prêté le serment prescrit par les décrets des 24 juillet et 27 novembre 1790, ainsi que celui de liberté et égalité dans le temps déterminé, et qui seront dénoncés pour cause d'incivisme, seront embarqué sans délai, et transférés à la côte de l'ouest de l'Afrique, depuis le vingt-troisième degré sud jusqu'au vingt-huitième.

Art. 13. La dénonciation pour cause d'incivisme sera faite par six citoyens du canton, et jugée par le directoire du département, sur l'avis du district. (Idem, art. 2).

Art. 14. Les ecclésiastiques mentionnés en l'art. 10, qui, *cachés en France*, n'ont point été embarqués pour la Guiane française, seront tenus, dans la décade de la publication du présent décret, de se rendre auprès de l'administration de leurs départemens respectifs, qui prendront les mesures nécessaires pour leur arrestation, embarquement et déportation en conformité de l'art. 12.

Art. 15. Ce délai expiré, *ceux qui seront trouvés sur le territoire*

de la République, seront conduits à la maison de justice du Tribunal criminel de leur département, pour y être jugés conformément à l'art. 5.

Art. 16. La déportation, la réclusion et la peine de mort prononcées d'après les dispositions du présent décret, emporteront confiscation des biens.

Art. 17. Les *prêtres déportés volontairement* et avec passeport, ainsi que ceux qui ont préféré la déportation à la réclusion, sont *réputés émigrés*.

Art. 18. *Tout citoyen est tenu de dénoncer l'ecclésiastique* qu'il saura être dans le cas de la déportation, de l'arrêter ou faire arrêter, et conduire devant l'office de police le plus voisin ; il recevra cent livres de récompense.

Art. 19. Tout citoyen qui recélerait un prêtre sujet à la déportation sera condamné à la même peine.

DÉCRETS SUR LES RELIGIEUSES

9. C'est la vérité que les deux décrets des 3 octobre-15 vendémiaire, et du 9 nivose an II (29 décembre 1793) sur le serment de liberté et égalité amenèrent une persécution spéciale *contre les religieuses*. Celles qui ne croyaient pas en conscience pouvoir le prêter, étaient renvoyées des services où elles avaient été maintenues comme laïcisées; ou bien celles qui touchaient une pension, en étaient privées, déclarées *suspectes* et exposées à toutes les rigueurs de la terrible loi des suspects.

Comme il sera prouvé par ces décrets eux-mêmes.

3 OCTOBRE-15 VENDÉMIAIRE AN II (1).
*Décret relatif aux filles attachées aux ci-devant congrégations
qui n'ont pas prêté le serment déterminé par la loi.*
(Voy. loi du 9 nivose, an II).

Art. 1. Les filles attachées à des ci-devant congrégations de leur sexe, et employées au service des pauvres, au soin des malades, à l'éducation ou à l'instruction, qui n'ont pas prêté le serment déter-

---

(1) J. B. DUVERGIER, *Lois, décrets*, etc., t VI, pag. 253.

miné par la loi, sont, dès cet instant, déchues de toutes fonctions relatives à ces objets.

Art. 2. Celles qui ont déjà abandonné leurs fonctions, ou qui en ont été ou en seront exclues pour n'avoir pas prêté ledit serment, ne recevront aucune pension de retraite.

Art. 3. Les corps administrations sont tenus, sous leur responsabilité, de faire remplacer de suite les dites filles par des citoyennes connues par leur attachement à la Révolution.

DÉCRETS DU 9 NIVOSE, AN *II* (29 DÉCEMBRE 1793) (2).

Art. I. Les filles ou femmes attachées aux ci-devant congrégations de leur sexe, sont assujetties au serment ordonné par le décret du 14 août 1792 ; et celles qui n'ont pas encore prêté ce serment, seront tenues de le faire dans la décade qui suivra la publication du présent décret.

Art. 2. Sont tenues au même serment et dans le même délai toutes celles qui ont obtenu depuis la promulgation de la loi du 4 août jusqu'à ce jour des secours, pensions ou traitements de retraite à quelque titre que ce soit ; elles ne pourront toucher aucune somme de ces pensions ou traitements sans justifier d'un certificat de civisme.

Art. 3. Les personnes ci-dessus dénommées et celles qui sont maintenant employées dans les maisons de charité, hospices et autres établissements publics, au soin des pauvres, au soulagement des malades, et à toutes autres fonctions publiques, qui ne justifieront pas avoir satisfait à la présente loi dans le délai fixé par l'art. 1, seront dès à présent privées des pensions ou traitements qui auraient jusqu'à ce jour ; elles seront exclues des places qu'elles occupent, jusjusqu'à ce jour ; elles seront exclues des places qu'elles occupent, regardées comme *suspectes* et traitées comme telles.

10. C'est la vérité que le décret du 3 brumaire, an II (24 octobre 1793) sur le changement du calendrier témoigne aussi de la passion antireligieuse de la Convention : *La suppression du Calendrier grégorien* tendait à abolir les souvenirs *liés au dimanche, aux*

---

(2) Procès-verbaux de la Convention Nationale, t. XXVIII, p. 159. Arch. nationales.

fêtes et jusqu'au millésime de *l'ère chrétienne*. « Les préjugés du trône et de l'Eglise, les mensonges de l'un et de l'autre souillaient chaque page du calendrier dont nous nous servions », disait Fabre d'Eglantine dans son rapport (1), et il ajoutait plus loin : « Nous avons pensé que la nation, après avoir chassé cette foule de canonisés de son calendrier, devait y retrouver en place.... les utiles productions de la terre, les instruments dont nous nous servons pour la cultiver et les animaux domestiques, nos fidèles serviteurs dans ces travaux, animaux bien plus précieux sans doute aux yeux de la raison que les squelettes béatifiés tirés des catacombes de Rome ».

Le *repos du dimanche* ou sa sanctification seront des *preuves de fanatisme* et punis comme telles.

Comme il sera prouvé.

11 C'est la vérité qu'à la destruction du culte, au pillage des églises, à l'apostasie succéda un véritable paganisme : la Convention le sanctionna officiellement, le 20 brumaire, an II (10 novembre 1793) (1).

Décret portant que l'Eglise métropolitaine de Paris
est maintenant le temple de la Raison.

« La Convention Nationale, sur la demande des citoyens de Paris, convertie en motion par un membre, décrète que l'Eglise métropolitaine est désormais le temple de la Raison ».

La plupart des églises furent indignement profanées par le culte de la déesse Raison.

Comme il sera constaté.

Le 18 frimaire (8 décembre 1793), un décret fut rendu sur LA LIBERTÉ DES CULTES : la surveillance devait se borner « aux mesures de police et de sûreté publique ». Mais l'article III témoigne que rien n'était changé aux mesures draconiennes prises précédemment contre la religion catholique : « La Convention Nationale n'entend déroger en aucune manière aux lois ni aux précautions de salut public contre les prêtres réfractaires ou turbulents, ou contre tous

(1) *Débats et décrets*, brumaire, an II, pag. 770.
(2) DUVERGIER, *Lois, décrets*, etc., t. VI, pag. 347.

ceux qui tenteraient d'abuser du prétexte de la religion pour compromettre la cause de la liberté ; elle n'entend pas non plus improuver ce qui a été fait jusqu'à ce jour en vertu des arrêtés des représentants du peuple, ni fournir à qui que ce soit le prétexte d'inquiéter le patriotisme et de ralentir l'essor de l'esprit public. La Convention invite tous les bons citoyens, au nom de la patrie, à s'abstenir de toutes disputes, théologiques ou étrangères aux grands intérêts du peuple français, pour concourir de tous les moyens au triomphe de la république et à la ruine de tous ses ennemis. »

12. C'est la vérité que, armé de telles lois, le Tribunal révolutionnaire pouvait accomplir l'œuvre pour laquelle il avait été créé. Les ennemis du peuple lui étaient envoyés non seulement de Paris, mais de tous les points de la France par les Comités de surveillance révolutionnaire, ou les représentants en mission, les uns et les autres toujours bien informés par les dénonciateurs à leur solde.

Des enquêtes faites sur place étaient transmises au redoutable tribunal. L'accusateur public, l'inexorable Fouquier-Tinville, soulignait au crayon rouge les passages ou les expressions qui lui permettaient de *corser* son réquisitoire. Peu lui importait de donner la vérité sur les causes qu'il était appelé à exposer. Le jugement était prévu d'avance : il n'avait qu'à trouver un prétexte plausible pour fournir aux jurés et aux juges l'occasion de prononcer la sentence.

C'était d'ailleurs par nombreuses *journées* que l'on faisait comparaître les prévenus. Les motifs d'arrestation étaient à dessein très différents pour chacun d'eux : fanatisme, royalisme, fédéralisme, se trouvaient incriminés en même temps que le vol, l'assassinat, l'intelligence avec les émigrés ou les armées ennemies, et la conclusion était la même pour tous les cas : les accusés étaient tous les ennemis de la Révolution, du peuple et de la représentation nationale. C'était la réponse du jury à l'unique question qui lui était posée, et les juges n'avaient qu'à prononcer la sentence de mort et la confiscation des biens, sans que souvent les victimes aient le droit de prendre la parole, non plus que leurs défenseurs officieux.

C'est ainsi qu'en quelques mois, plus de 2.500 malheureux

furent condamnés au supplice et *guillotinés* dans les vingt-quatre heures. L'huissier chargé de veiller à l'exécution venait, quelques moments après la sentence, prendre possession des condamnés et les accompagnait sur les fatales charrettes, au milieu des outrages d'une foule avide de sang, jusqu'au lieu de supplice. Un seul acte de décès lui suffisait pour toute la fournée.

12 C'est la vérité que, après l'exécution faite en place de Grève ou de la Révolution (de la Concorde), les corps dépouillés de leurs vêtements furent transportés au cimetière de la Madeleine (remplacé depuis par la Chapelle expiatoire de la rue d'Anjou) puis au cimetière des *Errancis* (près l'ancienne porte de Monceaux). Quand la place de la Bastille, puis celle du *Trône renversé* à la Barrière de Vincennes furent préférées, l'enfouissement pêle-mêle se fit le long des remparts dans un terrain dépendant d'un ancien couvent du quartier de Picpus.

D'après plusieurs dossiers des Archives Nationales (F. 19, 330 et 524), malgré les réclamations du principal locataire de l'ancien couvent des Chanoinesses de Saint-Augustin, on aurait, au 27 prairial (15 juin 1794) ouvert trois grandes fosses à l'extrémité du jardin pour la sépulture des suppliciés de la place du Trône. Chacune de ces fosses aurait eu 30 pieds de long, 25 de large et 20 de profondeur. La première reçut 1.002 cadavres, et la seconde en contenait déjà 434 lorsqu'on cessa d'y enterrer à la date du 29 thermidor an II (16 août).

Ce ne fut d'ailleurs que le 24 prairial de l'année suivante (12 juin 1795), que les fosses furent complètement comblées. De nombreuses plaintes des habitants du quartier, des maîtres de pension et spécialement du tenancier de la *Maison de Santé* (traduisez *prison payante*), établie dans l'ancien couvent, n'avaient pu contenir le sans gêne des pourvoyeurs de la guillotine.

Et cependant, dans quels excellents termes révolutionnaires étaient exprimées ces réclamations! « Vous ne souffrirez pas, citoyens, que des hommes qui, pendant leur vie, se sont déclarés les ennemis du Peuple et de la République les assassinent après leur mort. »

On avait proposé un terrain plus éloigné des habitations et plus rapproché du lieu du supplice, l'ancien *jeu du battoir*, situé entre les chemins de Vincennes et de Saint-Mandé, puis une carrière abandonnée de Montempoivre; mais les deux projets furent négligés.

La sœur de l'une des victimes, le prince de Salm-Kirbourg, obtint par ses démarches la permission d'acquérir la propriété de ce champ du repos dès l'époque du Directoire ; et sa famille en est restée détentrice comme l'indique une plaque apposée à la porte qui le fait communiquer avec le cimetière actuel de Picpus. Une autre plaque rappelle au même endroit le souvenir des seize Carmélites de Compiègne et de Mademoiselle de Saint-Luc.

La tombe même des victimes a pu demeurer ainsi à l'abri des violations indécentes qui ont souillé ailleurs les sépulcres les plus sacrés.

Le cimetière de Picpus est lui-même un témoignage de l'attachement des familles au souvenir des ancêtres ensevelis en cet endroit. Seuls ont le droit d'y trouver une sépulture les membres des familles dont un parent fut compté parmi les guillotinés de la place du Trône.. Le jardin de l'ancien couvent des Chanoinesses de Picpus fut acquis à cet effet dès les premiers temps de l'Empire par une société où figuraient les parents des victimes. Un sénatus-consulte rendu en 1804, sur la demande du prince Eugène de Beauharnais, fils lui-même d'une des victimes, donna la permission d'y ouvrir le cimetière désiré.

Avec le jardin, les restes du couvent purent être également achetés. Les bâtiments qui s'élevaient près de la rue de Picpus furent peu à peu transformés. Une chapelle, puis une *église expiatoire* furent établies pour perpétuer la prière en souvenir des victimes. Un certain nombre d'entre elles, par la fermeté de leur foi en face du supplice, ne laissaient guère de doute sur leur entrée directe dans la gloire céleste; d'autres, hélas! pouvaient avoir beaucoup encore à expier.

Bientôt, au souvenir des morts, devait se joindre dans cet enclos béni une autre œuvre de piété par l'établissement de la Congrégation des Sacrés-Cœurs de l'Adoration perpétuelle, si connue dans le quartier sous le nom de *Picpussiens*.

14. C'est la vérité que les *victimes religieuses* dont nous nous occupons avaient été arrêtées et conduites à ce tribunal pour le *motif prédominant* de leur attachement à la religion *catholique et romaine*. Les questions qui leur étaient posées dans les différents tribunaux locaux, et quelquefois même au tribunal révolutionnaire, indiquent cette préoccupation des persécuteurs; les réponses très nettes des accusés montrent bien qu'ils comprenaient la vraie raison des poursuites intentées contre eux, et le sort qui les attendait.

Des prêtres courageux, restés à leur poste, malgré les lois de déportation et de réclusion, pour soutenir leurs fidèles, ne faisaient aucune difficulté lorsqu'ils avaient été saisis, *malgré la prudence de leur zèle*, d'avouer qu'ils avaient, pour rendre service, continué les fonctions de leur ministère. Evêque, vicaires généraux, anciens chanoines étaient restés en France pour assurer l'administration de leurs diocèses supprimés. Des religieux ou religieuses avaient, dans le secret, reformé des communautés réduites, des rassemblements, où des prêtres réfractaires venaient en cachette apporter les consolations des sacrements. De respectables chrétiennes ne craignaient pas de cacher, de *recéler* les ministres de leur religion ou les expulsées des saints lieux.

15. C'était au péril de leur vie, ils le savaient les uns et les autres. Et quand le moment du martyre se présentait, ils étaient prêts à affronter les opprobres, les longues détentions dans d'infectes prisons, et la mort, pour récompense de leur fidélité. La tradition a conservé des paroles, des écrits de ces confesseurs de la foi qui rappellent les plus beaux passages des actes des anciens martyrs.

16. Aussi plusieurs de ces nobles victimes sont-elles restées en odeur de sainteté dans les contrées où elles avaient exercé cet apostolat si digne de toutes les louanges. Et leurs contemporains, aussi bien que les chrétiens d'aujourd'hui, ont désiré leur glorification et leur élévation sur les autels.

Les prémices de ces phalanges glorieuses n'ont-elles pas d'ailleurs été déjà béatifiées par le jugement solennel de l'Eglise? Ce sont les bienheureuses Carmélites de Compiègne. Le désir des catholiques français est de voir unis dans la même gloire ici-bas, ceux que les mêmes souffrances ont conduits dans la même patrie céleste.

LES SERMENTS CIVIQUES

17. Indépendamment du serment de *fidélité à la Constitution civile du Clergé* exigé des ecclésiastiques dont les fonctions publiques étaient conservées par cette Constitution, — et du serment de *liberté-égalité* demandé aux fonctionnaires publics et aux pensionnaires ecclésiastiques ou religieux, s'ils voulaient conserver leur traitement ou pension, — les ecclésiastiques tant séculiers que réguliers et les religieux purent être amenés à prêter différents *serments civiques* à titre de *citoyens* de 1789 à 1794.

18. Le premier *serment civique* prêté par le Roi et les députés à la Fédération du 14 juillet 1790, et ensuite par nombre de citoyens était ainsi libellé dans sa partie essentielle : « Je jure d'être fidèle à la Nation, à la Loi et au Roi, et de maintenir de tout mon pouvoir la Constitution décrétée par l'Assemblée Nationale et acceptée par le Roi. » Ce serment, — antérieur à la proclamation de la loi sur la Constitution civile du Clergé, qui est du 24 août suivant, — n'admettait par conséquent que l'admission des réformes antérieures à cette date. Il fut prêté sans difficulté par de nombreux ecclésiastiques qui devaient bientôt refuser le serment de fidélité à la Constitution civile.

19. Le *serment de liberté-égalité* fut prêté en août et septembre 1792 par des citoyens qui n'étaient ni fonctionnaires, ni pensionnaires de l'État, pour échapper à toute suspicion.

20. L'*Acte constitutionnel*, du 24 juin 1793, contenant la *déclaration des droits de l'homme et du citoyen*, ne pouvait arrêter les ecclésiastiques non assermentés qui, dès 1791, s'étaient retranchés derrière la faculté qui leur était légalement assurée de pratiquer leur culte (non officiel) en particulier. La *liberté des cultes* était en effet affirmée dans l'Acte de 1793.

TÉMOIGNAGES INVOQUÉS DANS LES ARTICLES

1° *Documents officiels.*

Avant 1789. — Les Registres de catholicité, des Universités, Séminaires, Communautés et Collèges; les Registres d'Ordinations et d'Insinuations ecclésiastiques permettent d'établir le *Curriculum vitae.* — Les Actes ou Extraits des mêmes registres trouvés dans les *papiers sequestrés* après la mort des Serviteurs de Dieu. (Série T des Archives Nationales). — Cahiers des élections et doléances aux Etats-Généraux.

De 1789 à 1792. — Les Registres paroissiaux et municipaux ; les listes officielles de prestation ou de refus du serment de fidélité à la constitution civile, et de celui de liberté-égalité ; les procès-verbaux des élections des curés constitutionnels ; les registres des Administrations de Département et de District.

De 1793 à 1794. — Procès-verbaux de la Convention Nationale ; lois, décrets et arrêtés législatifs. — Registres des Comités Révolutionnaires, des districts, des Sections. Jugements des Tribunaux criminels. (Série BB.) Jugements du Tribunal Révolutionnaire de Paris (Série W des Archives Nationales) avec les dossiers annexés. Registres des arrestations, des écrous des prisons (Archives de la Préfecture de Police). Dossiers de la Police Générale (Série F^7 des Archives Nationales).

2° *Documents traditionnels.*

A côté de ces documents *officiels* et *absolument contemporains,* les Relations des témoins *cculaires* ou *auriculaires,* en tenant compte des idées inspirées par la Réaction thermidorienne, et des légendes peu à peu introduites surtout à l'époque de la Restauration.

Les Travaux publiés sur le Tribunal Révolutionnaire par MM. Campardon et Wallon *n'étudient* pas cette période *au point de vue religieux spécial,* qui nous occupe. Les dossiers annexés aux jugements de ce Tribunal n'y sont envisagés que pour démontrer *l'illégalité* de la plupart des sentences. Il n'y est d'ailleurs aucunement questions des papiers restés dans les fonds de police.

Les traditions locales et familiales sont parfois empreintes d'exagération dans les récits, d'erreurs de dates faciles à contrôler d'après les documents officiels. Elles établissent néanmoins le *souvenir persistant* de la croyance *au martyre,* c'est-à-dire à la mort supportée pour la foi catholique, des serviteurs de Dieu. Il en est de même des *invocations privées* qui leur sont adressées, et des *faveurs* spirituelles ou matérielles attribuées à leur intercession.

ARTICLES PARTICULIERS

Les serviteurs de Dieu peuvent être partagés en deux sections :
1° ceux qui résidaient dans le département de Paris au moment
de leur arrestation; — 2° ceux qui furent envoyés de province au
Tribunal révolutionnaire de Paris.

PREMIÈRE SECTION

*Serviteurs de Dieu résidant dans le département de Paris
au moment de leur arrestation.*

A. — La majeure partie de ces victimes ont péri dans les derniers jours de la Terreur comme complices des prétendues CONSPIRA-
TIONS DES PRISONS. Les pourvoyeurs du Tribunal Révolutionnaire
jugeaient que leur besogne était trop lente, malgré le chiffre de
près de deux mille exécutions en quatre mois. Les prisons de
Paris étaient encombrées de détenus arrêtés comme suspects. On
résolut de hâter la perte de *tous les ennemis du peuple.* Comme
au mois de septembre 1792, on inventa des complots qui se seraient
tramés parmi les prisonniers. Le jugement des affidés du Tribunal
sanglant devait bientôt faire la lumière sur ces procédés horribles.

Un rapport présenté le 3 messidor (21 juin 1794) par Hermann,
ancien président du Tribunal révolutionnaire, affirmait comme
« une chose démontrée et trop notoire, que toutes les factions successivement terrassées avaient dans les diverses prisons de Paris
des relations,... des agents dans l'intérieur, des acteurs pour le
dehors dans les scènes projetées pour ensanglanter Paris et détruire
la liberté... Il faudrait peut-être purger en un instant les prisons
et déblayer le sol de la liberté de ces immondices, de ces rebus de
l'humanité. Justice serait faite, et il serait plus facile d'établir
l'ordre dans les prisons. »

Ce projet fut approuvé par Robespierre, Billaud-Varennes et
Barère; et le 7 messidor, le Comité de salut public chargeait une
commission d'en préparer l'exécution. Le 17 du même mois, un
arrêté du Comité ordonne au Tribunal révolutionnaire de juger
dans les 24 heures les détenus qui, chaque jour, seront signalés
pour avoir tenté la révolte et excité la fermentation.

La prison du Luxembourg fournit ainsi 157 accusés au réquisitoire de Fouquier-Tinville dès le 19 messidor. Ils furent condamnés et exécutés en trois *journées*, les 19, 21 et 22. — Les Carmes eurent 49 victimes le 5 thermidor (23 juillet), Saint-Lazare 78 dans les trois fournées des 6, 7 et 8 thermidor. — La réaction bien méritée se produisit pendant ce dernier jugement : le 9 thermidor, tandis que la force publique protégeait les dernières charrettes contre l'indignation populaire, Robespierre et ses complices étaient à leur tour envoyés à la mort ou au Tribunal.

Dans cette triple affaire de conspiration, l'accusateur public ne se donna même pas toujours la peine de formuler d'autre grief contre ses victimes que celui de la conspiration. Pour les ecclésiastiques ou religieux qui en firent partie, il se contenta le plus souvent de les grouper et de les qualifier en bloc : *au Luxembourg :* « Enfin on y voit les cruels ennemis de la souveraineté et de la liberté des peuples, ces prêtres dont les crimes ont inondé le territoire français du plus pur sang des citoyens. » — *Aux Carmes :* « ... Ex-prêtres, se sont rendus complices des ex-nobles dans l'espoir de pouvoir encore tromper les peuples et régner sur eux par le fanatisme et le mensonge. » — *A Saint-Lazare :* «... tous prêtres, se sont constamment prononcés contre le peuple, dont ils n'ont cessé d'être les ennemis; ne pouvant fonder l'esclavage des peuples que sur l'imposture, le mensonge et les prestiges du fanatisme, ils ont, soit par leurs intrigues avec les conspirateurs du dedans, soit par leurs correspondances avec ceux d'outre-Rhin, voulu rétablir le règne de la tyrannie et de la superstition pour opprimer de nouveau le peuple sous le double joug du pouvoir et du mensonge. »

Inutile après cela de prouver que chacun d'eux a bien mérité ces reproches. Le jugement est signé d'avance, et la condamnation prononcée.

Pour chacune de nos victimes, le motif de la condamnation se retrouve en réalité dans les faits qui ont amené son arrestation et son emprisonnement. Lorsqu'elles ont subi quelque interrogatoire antérieur, il sera facile de remarquer que le crime qui leur est particulièrement imputé ,c'est celui d'être *réfractaire* ou *fanatique*, c'est-à-dire fidèle à cette religion catholique que les Jacobins avaient juré d'anéantir.

I. Charles-François-Siméon DE SAINT-SIMON,

Evêque d'Adge.

Né à Paris, le 5 avril 1727, place Royale (des Vosges actuelle), de haut et puissant seigneur Louis-François DE SAINT-SIMON, chevalier, *marquis* DE SANDRICOURT, maréchal des camps et armées du Roi, et de haute et puissante dame Marie-Louise-Gabrielle DE GOURGUES, Charles-François Siméon fut baptisé le même jour en l'église Saint-Paul, sa paroisse.

Il commença ses études au Collège des Oratoriens de Juilly (1733-1735).

Destiné à l'état ecclésiastique, il reçut la tonsure en 1738 en l'église des Petits-Pères (N.-D. des Victoires). Le 17 août 1743, il quittait la communauté de M. Le Gros à Navarre pour entrer au Séminaire de Saint-Nicolas du Chardonnet, pour la physique et le reste du quinquennium. L'un de ses correspondants était l'évêque de Metz, son parent, Claude de Saint-Simon-Rouvroy.

Le 17 novembre 1744, il était reçu maître ès-arts (nobilis parisinus, clericus). A Pâques de 1748, il rentre à Saint-Nicolas « amené par M. de Saint-Simon, évêque de Metz, lequel a rendu bon témoignage de lui, et lui a donné les Ordres mineurs en septembre 1748 ». Le 7 août et le 15 semptembre 1749, l'archevêque de Paris lui donnait les dimissoires nécessaires pour recevoir les ordres, même sans intertices, par les soins de l'évêque de Metz. Il était diacre et étudiant à Navarre, lorsque, en 1752, il passa son examen de licence en théologie.

Le 17 novembre 1753, l'archidiaconé de la cathédrale et le titre de vicaire général de Metz lui étaient conférés. Le roi, de son côté lui donna l'abbaye de Conches au diocèse d'Evreux.

Un voyage en Italie développe ses goûts pour l'étude des arts et des sciences qui occuperont les loisirs de son ministère. Nommé évêque d'Adge, le 8 mars 1759, il se démet de son abbaye et des titres qui le rattachaient au diocèse de Metz. Son parent et protecteur meurt d'ailleurs cette même année, après l'avoir sacré dans la chapelle du Séminaire Saint-Sulpice le 6 mai.

L'*instruction* de son peuple, l'éducation de son clergé, la lutte contre le Jansénisme occupent avant tout son zèle. L'homme de lettres et le théologien concourent en lui à la reconstitution des livres liturgiques comme à la composition de ses mandements.

La *charité* pour les deshérités de la fortune lui fait créer des œuvres sociales trop peu connues de nos modernes novateurs. Ce n'est pas seulement la maison de charité ouverte à toutes les misères, mais encore une vigne qu'il met en culture pour les sans travail de l'époque.

L'administration du diocèse lui est un souci perpétuel pour les moindres détails, et la *résidence* la plus stricte lui permet de ne faillir à aucun de ces nombreux devoirs.

Sa signature apposée à la plupart des délibérations du Chapitre de sa cathédrale est une preuve de cette constante assiduité.

Une correspondance assidue avec les intellectuels de son temps le repose, ou plutôt soulage les insomnies d'une nature fatiguée. Ses lettres à la Présidente du Bourg, épouse du Président du Parlement de Toulouse, montrent en lui l'Evêque vigilant qui, même dans l'intimité, sait tenir en garde ses amis contre les dangers de l'Encyclopédie, et des œuvres d'Helvétius en particulier. On conserve à Nîmes ses lettres au Président Séguier. Lorsque ce dernier mourut (fin de 1784), l'Académie Royale des Inscriptions et Belles Lettres élut pour le remplacer comme associé libre l'évêque d'Agde. De 1785 jusqu'au décret du 8 octobre 1793 qui supprimait cette Académie, Saint-Simon restera en relations avec elle.

La Révolution avait déjà frappé plus d'un de ces érudits. La constitution civile du Clergé supprimait le siège d'Agde. L'évêque ne pouvait adhérer à cette innovation contraire à toutes les lois de l'Eglise. Résolu à rester à la tête de son diocèse, il assiste à la violation de son palais épiscopal, à la dispersion des biens de son évêché. Pour lui, il se contentera d'un modeste appartement dans la *Charité* qu'il a fondée. Mais les membres du Club ont juré de se débarrasser de lui; ils envahissent la maison et l'obligent à fuire précipitamment (1er juin 1792).

Ce n'est pas à l'étranger qu'il ira chercher un refuge. Enfant de Paris, c'est dans la capitale qu'il viendra vivre modestement, tout en entretenant, prudemment, les relations nécessaires avec les vicaires généraux laissés à Agde ou aux environs.

Il semblait oublié par les révolutionnaires au milieu de la Paroisse Saint-Sulpice, où les massacreurs de septembre avaient cependant trouvé tant de victimes. La tradition de l'ancien diocèse rapporte qu'il fut découvert par un de ses séminaristes, objet de ses bienfaisantes aumônes, et dénoncé aux autorités compétentes. La vengeance divine n'a pas d'ailleurs ménagé ce triste délateur ni sa famille.

Le 26 septembre 1793, le comité de la Section du Bonnet-Rouge fait opérer une perquisition au domicile de l'évêque, 321, rue de Grenelle. On trouve chez lui « beaucoup de cartons renfermant des lettres dont l'antiquité de la date les met hors de suspition. » Il ne paraît même pas utile d'y apposer les scellés. Attendu le grand âge du citoyen Saint-Simon, on se contente de lui donner un gardien, d'ailleurs agréé par lui.

Cette mesure provisoire ne pouvait durer longtemps : le 2 octobre, l'évêque est incarcéré à la maison d'arrêt située rue de Sèvres au coin de la rue Saint-Romain. Le 9 ventôse (27 février 1794) on le reconduit à son domicile pour lever les scellés mis à la porte de sa chambre et s'emparer des documents concernant une maison de la rue Saint-Honoré.

Après neuf mois de détention *aux Oiseaux*, l'heure de l'immolation approche. Le Comité de Salut Public oblige le Comité de Surveillance révolutionnaire du Bonnet-Rouge à perquisitionner chez tous les détenus de la Section. Le 17 messidor (5 juillet), deux lettres sont extraites des papiers reconnus sans danger de Saint-Simon. Elles ont été adressées les 21 août et 26 décembre 1791 à l'évêque par deux de ses prêtres qui espéraient le voir bientôt revenir parmi ses fidèles.

Fouquier-Tinville ne manquera pas dans son réquisitoire d'incriminer cette correspondance et de fulminer contre ce prélat « fanatique et contre-révolutionnaire qui a toujours refusé de prêter le serment exigé par la loi ». C'est bien le plus beau titre que puisse envier le pasteur fidèle à son troupeau comme à sa conscience : « Dans tout son ci-devant diocèse, il n'a tenu que des assemblées suspectes et composées d'ennemis de la chose publique. »

C'est bien un ennemi du peuple : « de complicité avec le tyran et tous les chefs de conspiration, il a préparé l'anéantissement de la liberté et le rétablissement de la tyrannie. »

L'évêque n'avait rien à répondre. La condamnation est suivie de l'exécution à la Barrière de Vincennes (26 juillet 1794-8 thermidor).

Les derniers jours de captivité avaient été bien employés par le prêtre fidèle : auprès de ses codétenus il s'était fait l'instrument de la miséricorde divine. On lui attribue en particulier la conversion du littérateur La Harpe. Il pouvait avec sérénité monter à l'échafaud. « Avec son air ferme et recueilli, a raconté un de ses diocésains témoin de son supplice, on aurait dit un pontife qui allait offrir le sacrifice de bonne odeur : *sacrificium vespertinum.* »

Le souvenir de l'évêque-martyr ne s'est pas effacé dans sa ville cathédrale, ni dans le diocèse de Montpellier qui englobe aujourd'hui l'ancien diocèse d'Agde. En 1877, le souverain Pontife Pie IX accédait bien volontiers à la demande de l'évêque de Montpellier de joindre à son titre celui de l'ancien diocèse d'Agde. Le centenaire du supplice glorieux de Saint-Simon fut l'occasion de fêtes inoubliables dans son ancienne cathédrale. Et lorsque Son Eminence le Cardinal de Cabrières apprit que le Cardinal-Archevêque de Paris avait nommé un postulateur pour la Cause de Béatification des Victimes catholiques du Tribunal révolutionnaire de Paris, il demanda avec instance que cette cause fût désignée sous le double titre de *Parisien seu Montispessulanen.*

Documents : Arch. Nat. W-433. — F⁷-4775-12.

II. Honoré-Joseph Royer,

Vicaire général et Député d'Arles.

Honoré-Joseph Royer naquit à Arles le 25 février 1739. Sa famille était honorablement connue dans cette ville. Son père y fut juge pour le roi et lieutenant-général au siège d'Arles. Après avoir fait ses études chez les Oratoriens de Juilly (1750-1756), il entrait au Séminaire Saint-Sulpice en philosophie le 14 septembre 1756, déjà tonsuré. Reçu maître ès-arts le 29 août 1759, il fut admis, étant diacre, comme sociétaire de Sorbonne en 1761. Il était prêtre quand, en 1764, il passa les examens de licence en théologie. Le 20 juillet 1768 son père lui achetait une charge de conseiller-clerc au Parlement de Paris. Au début de la Révolution, Royer portait les titres suivants : abbé commendataire de la Noë au diocèse d'Evreux depuis 1781; maître des requêtes au Conseil d'Etat (1773), puis conseiller d'Etat d'Eglise depuis le 29 avril 1789 ; et vicaire général d'Auxerre.

Elu député aux Etats-Généraux par le clergé de la ville d'Arles, reconnaissant de ses services personnels et des libéralités de sa famille pour les Hospices, Royer s'opposa à l'abolition de la dîme et des droits féodaux, à la vente des biens du clergé et à la constitution civile du clergé. Dans la discussion relative à l'abolition des ordres religieux, il sollicite une exception en faveur des Bénédictins « consacrés à l'éducation publique, et dont les immenses travaux ont assuré la gloire des lettres et hâté les progrès des connaissances utiles ». Cette proposition fut repoussée.

Après la mort sanglante de l'archevêque d'Arles au 2 septembre 1792, Royer n'avait pas à rejoindre son diocèse supprimé. Il continua à résider à Paris. Arrêté par ordre de l'Administration de Police le 14 brumaire, an II (4 novembre 1793), il fut incarcéré comme suspect au Luxembourg. A la suite d'une dénonciation, on trouva chez lui deux malles d'objets d'argenterie et deux *chapelles d'évêque.* On les envoya à la Monnaie; ses lettre de 1791 à 1793 furent saisies (7 floréal-26 avril 1794).

Tous ses titres le désignaient pour être compris dans la conspiration des prisons : ci-devant noble, conseiller d'Etat, grand vicaire et député à la Constituante; il fut condamné avec la *première journée du Luxembourg* le 19 messidor (7 juillet).

Documents : Arch. Nat. W. 409-941, et F7-4775-3.

III. François-Claude Desouches,

Vicaire à Saint-Nicolas des Champs.

Né à Paris sur la paroisse Saint-Eustache, le 31 décembre
1739. Entré comme clerc du diocèse de Paris au Petit-Séminaire de
Saint-Sulpice, le 14 juillet 1761, François-Claude Desouches reçut
les ordres mineurs et le sous-diaconat aux mois de septembre
1762-1763. Ses supérieurs lui donnèrent ces notes : « Bon pour
la conduite, science faible. »

A sa sortie, au 15 septembre 1764, il alla résider sur la
paroisse Saint-Nicolas des Champs. Il ne devait la quitter qu'au
départ du curé et des prêtres non-assermentés en 1791.

Le 29 floréal an II (18 mai 1794), une perquisition opérée chez
la Veuve Poinselot, 5, rue du Grand-Chantier, amena, avec la
découverte d'objets du culte, la prise de l'ancien sacristain de
Saint-Nicolas-des-Champs. Le lendemain, le Comité de la Section
de l'Indivisibilité, qu'il habitait ordinairement, fit examiner en sa
présence ses papiers et effets, et l'envoya à la prison du Luxembourg « comme suspect, prêtre réfractaire, observant les dimanches, et fréquentant les contre-*révolutionnaires* ».

Sa fidélité aux devoirs de son ministère devait recevoir sa récom-
pense. Compris dans la *première fournée de la Conspiration du
Luxembourg*, il fut condamné à mort le 19 messidor (7 juillet).
Il avait 54 ans.

Son crime était celui de ses co-détenus ecclésiastiques : « Enfin
on voit (parmi ces conspirateurs), disait Fouquier-Tinville, les
cruels ennemis de la souveraineté et de la liberté des peuples, ces
prêtres dont les crimes ont inondé le territoire français du plus
pur sang des citoyens. » — Et le jury affirmait que tous les accusés
étaient « convaincus de s'être déclarés les ennemis du peuple en
conspirant contre sa liberté et sa sûreté, provoquant par la révolte
des prisons, l'assassinat et tous les moyens possibles, la dissolution
de la représentation nationale, le rétablissement de la royauté et
de tout autre pouvoir tyrannique. »

Documents : Archives Nat., W-409-941, et F⁷ 2496.

IV. Jean-Baptiste-Augustin de Salignac-Fénelon

Prieur de Saint-Sernin-du-Bois,

Protecteur des métallugistes du Creusot et des Petits-Savoyards,

Fils d'Arnaud *Salaniac*, écuyer, seigneur de la Ponsie, et de Marie Dumas, Jean de Salaniac naquit au château de la Ponsie et fut baptisé en l'église de la paroisse Saint-Jean d'Estissac, au diocèse de Périgueux, le 3o août 1714. Les signatures de l'acte de Baptême portent la double orthographe de *Salâniac* et de *Salignac*. Les prénoms de Baptiste et d'Augustin furent ajoutés dans la suite à celui de Jean. Le titre de *Fénelon* qui n'appartenait pas à cette branche des Salignac fut pris par l'abbé lui-même à cause de sa vénération pour son parent l'illustre archevêque de Cambrai ; l'usage a conservé cette pieuse usurpation.

Après ses études faites aux Récollets de Périgueux, l'abbé de Fénelon vint à Paris, et fut aumônier de la reine Marie-Leczinska de 1745 à 1751.

Entre temps il remplissait les fonctions de vicaire général de Béziers. Nous le voyons en 1747 et 1748 accompagner l'évêque de ce diocèse dans ses visites pastorales.

Le 23 juin 1745, Louis XV lui conférait le titre de Prieur de Saint-Sernin-du-Bois au diocèse d'Autun. Bien que prieur *commendataire*, il se fit une obligation de la résidence pendant de longues années. Il partageait avec le curé de la paroisse le soin spirituel de ses vaseaux. L'entretien de l'église absorbait une partie de ses revenus ; et lorsque l'un de ses frères, Henri, chanoine de Cambrai et prieur de Saint-Romain de Châtellerault, vint terminer ses jours au Séminaire d'Autun, l'abbé de Fénelon obtint dans son testament (1765) la cession de tous ses biens d'Eglise pour la reconstruction du temple paroissial et ses autres bonnes œuvres.

Les papiers sequestrés de Fénelon établissent l'étendue de *ces bonnes œuvres*. Ce n'était pas seulement la charité ordinaire qu'il pratiquait à un degré très élevé. Son premier soin en arrivant à Saint-Sernin avait été *d'émanciper* tous ses vassaux. Saint-Sernin se trouvait dans une contrée où le travail des mines de charbon et de métal était à l'état quasi-embryonnaire. Tous ses soucis le portèrent à développer ces industries, et dans le domaine de son prieuré et dans les propriétés voisines acquises de ses deniers. Le bassin du Creusot peut à bon droit le considérer comme le promoteur de son succès et le revendiquer comme un protecteur céleste. Il ne cessa de s'intéresser directement à ces travaux que lorsqu'il eut vendu ses droits à la Société royale formée pour en prendre la direction ; 8.000 livres de rente viagère furent la seule récompense qu'il en retint.

Dès 1778, nous le voyons demeurer habituellement comme pensionnaire au Séminaire des Missions Etrangères. Des permissions d'indulgencier obtenues de Rome en 1781 et 1788 nous apprennent que de là il se transportait « per oppida et pagos » pour prêcher des missions. Mais une œuvre établie dans ce Séminaire pour les *Savoyards* si connus à Paris comme *ramoneurs*, occupa par dessus tout son ardente charité. C'était encore une œuvre *sociale* digne de son intérêt. Ses ressources ne suffisaient pas à l'entretenir. Mais la capitale connaissait les quêtes privées et publiques qu'il savait organiser en faveur de ses protégés. Quand, après sa mort et les troubles de l'époque révolutionnaire, l'œuvre put être reprise, ses successeurs le considèrent toujours comme un initiateur et un père. Le titre d'*évêque des Savoyards* lui était de son vivant particulièrement consacré.

Avec le prieuré de Saint-Sernin du Bois, sa déclaration de 1790 indique également une pension de 800 livres qu'il touchait sur l'abbaye du Mas-Garnier au diocèse de Toulouse. La Révolution allait lui ravir tous ses titres et toutes ses ressources.

Au mois de juin 1792, les évènements l'obligèrent à chercher un asile sur la section de l'Observatoire, 179, rue Saint-Jacques, puis à quitter Paris le 12 septembre.

Après neuf mois passés à Croissy-sur-Seine chez un ci-devant noble, il vint au Mont-Valérien le 26 juillet 1793. Dénoncé pour y dire la messe dans son appartement en présence des co-locataires de sa maison, il fut arrêté le 11 nivôse, sur l'ordre du Comité de Surveillance Générale par des commissaires de Port-la-Montagne (Saint-Cloud) et envoyé au Luxembourg.

En vain la municipalité de Nanterre fit-elle valoir sa grande charité. En vain les jeunes Savoyards envoyèrent-ils plusieurs pétitions et allèrent-ils réclamer leur bienfaiteur et leur père jusqu'au sein de la Convention. Maintenu en prison, il fut compris comme conspirateur dans la *première journée du Luxembourg*, et mis à mort le 19 messidor (7 juillet 1794). Son prétendu crime, si bien démenti par toute sa vie de charité, fut celui de tous ses co-détenus ecclésiastiques « les cruels ennemis de la souveraineté et de la liberté « des peuples, ces prêtres dont les crimes ont inondé le territoire « français du plus pur sang des citoyens ».

Les témoins de ses derniers moments nous l'ont représenté consolant et bénissant ses chers Savoyards, leur promettant de continuer à veiller sur eux du haut du ciel.

Le curé actuel de Saint-Jean d'Estissac, parent éloigné du serviteur de Dieu, nous décrit la continuité de son souvenir entouré de vénération dans son pays natal.

Documents : Archives Nationales, W-409-941. F7 4704. — T. 272.

V. Jean-François Didier,

Chanoine de Sainte-Opportune.

Né à Grenoble le 1ᵉʳ octobre 1729 et baptisé le lendemain en
l'église Saint-Louis, Jean-François Didier fit ses études à Paris et
les couronna par le diplôme de maître ès-arts le 2 mars 1758. Il
y est qualifié de prêtre de Grenoble. Il avait reçu dans la capitale
plusieurs de ses ordinations : les ordres mineurs en mai 1752, et
le diaconat en juin 1754.

Il n'avait pas accepté le vicariat de Saint-Nicolas de Montbonnot
que lui avait donné son évêque. Il est chanoine de la collégiale
Sainte-Opportune à Paris avant mai 1780 (époque où commence
le dernier registre capitulaire qui nous a été conservé). Il a déjà
le titre d'agent du chapitre, que lui avait sans doute valu l'étude
du droit à laquelle il s'était livré à la Faculté de Paris, et qui fut
terminée par la licence le 17 mai 1765.

Nous le retrouvons associé aux suprêmes délibérations du chapitre : au 24 avril 1789, protestation contre le règlement de convocation des Etats-Généraux; au 1ᵉʳ février 1790, la préparation de
la déclaration des biens du chapitre qu'il est chargé de présenter;
au 6 novembre, où il reçoit encore la mission de remettre à la
Municipalité la nouvelle déclaration sur le traitement annuel du
Chapitre; au 8 du même mois, où il s'engage à recouvrer les arré-
rages et montants des droits capitulaires jusqu'au premier janvier de cette même année; enfin au 29 novembre, dernière séance,
où l'on désigne l'hebdomadaire de la semaine suivante, qui ne
devait pas s'achever pour le chapitre.

Retiré rue de la Tabletterie, il n'aura pas à prêter le serment
constitutionnel, puisque son *état* est supprimé. On saura le découvrir et le mettre en arrestation le 22 brumaire an II (12 novembre 1793). A la suite d'une dénonciation, deux membres de la
Section du Muséum se transportent à Versailles au commencement
du deuxième mois de l'an II (fin septembre 1793). Il était absent
de la maison où il avait trouvé un asile; les scellés sont apposés
sur ses papiers. On le trouve cependant, et il est conduit au
Département de Police qui l'envoie au Luxembourg. Ce n'est que
quelques jours après (*quartidy de la 3ᵉ décade de brumaire*), que
les administrateurs de Police réclament au Muséum la dénonciation qui a motivé cette arrestation : « Pour justifier d'autant notre
décision, disent-ils, qui pourroit paraître sévère, attendu l'aveu-
glement presque total dont ce ci-devant prêtre paroit affligé. » La
dénonciation fut communiquée et l'arrestation maintenue.

Ce vieillard impuissant était bien un des complices dangereux
qu'il fallait sacrifier pour enrayer la conspiration des prisons.

Compris dans la fournée du Luxembourg, il fut condamné à mort
le 21 messidor (9 juillet 1794).

Documents : Arch. Nat. W-409-941 et F⁷ 4677.

VI . Dom Félix-Prosper DE NONANT

Prieur des Chartreux de Paris.

Né et ondoyé à Nogent-le-Rotrou le 8 mai 1725, Félix-Prosper,
fils de haut et puissant Seigneur Jacques-Pierre-Charles Le Comte
de Nonant, comte de Bretoncelles, seigneur de Brancour, chevalier de l'ordre militaire de Saint-Louis et capitaine au Régiment du
Roy. Infanterie, reçut le supplément des cérémonies du Baptême
en l'église paroissiale de Saint-Hilaire, le 3 juin suivant. Son par-
rain et oncle, le marquis de Bretoncelles, devait léguer son titre au
futur chartreux, dernier représentant de cette branche des Nonant.

Les archives de la Guerre nous ont conservé les notes de sa carrière militaire : Page de la Petite-Ecurie le 1ᵉʳ avril 1739, Cornette
dans la brigade de Durfort au régiment des *Carabiniers* le 10 août
1742, lieutenant le 23 juillet 1744, aide-major le 29 août 1748,
major le 11 novembre 1754, pourvu d'une compagnie le 11 mars
1756, il se retira, pour cause de maladie, comme capitaine le 21 octobre 1757 avec une pension de 800 livres.

Entré peu après chez les Chartreux de Paris, il écrivait, le 29 janvier 1761, à la veille de sa profession religieuse, une lettre pour
demander que cette pension lui fût conservée, « bien moins pour
lui, disait-il, que pour le soulagement de sa famille, ayant son
père fort âgé, pourvu de la lieutenance de Roy d'Ardres qui, à
peine, donne de quoi vivre », et des tantes ruinées par la réduction
des actions de la Compagnie des Indes. — « La demande que fait
cet officier, écrivit le destinataire de la lettre, ne paraît susceptible
d'aucune difficulté ; mais sa délicatesse le porte à désirer un titre
qu'il croit nécessaire pour le repos de sa conscience. »

Tout entier à ses devoirs de religieux, Nonant ne sortira de son
silence que sur la demande des autorités elles-mêmes. Une première fois en 1779 pour la confirmation de sa pension par le Roy ;
une dernière fois en 1792 où le *Conseil provisoire exécutif* qui fonc-
tionna après le 10 août, sur le vu du décret de l'Assemblée natio·
•nale du 14 septembre, *scellé* le 28 du même mois, lui accorda, *au
nom de la Nation*, la *Récompense nationale* de 670 livres de rente
viagère avec paiement du 1ᵉʳ janvier 1790, en raison de ses 15 ans
de services assimilés à 20 ans à cause du motif de santé invoqué
pour sa retraite.

Les papiers séquestrés de la Chartreuse de Paris nous indiquent le *curriculum vitœ* de dom Nonant. Tonsuré par l'évêque de Chartres chez les moniales de Saint-Cyrique en 1758, il reçoit le 11 septembre l'absolution du Pape pour les censures encourues comme militaire n'ayant cependant ni tué ni blessé. Le 10 décembre de la même année un dimissoire lui permet de recevoir les ordres mineurs. Il prend l'habit de Chartreux le 6 février 1760 et fait profession le 8 février 1761. Le 19 septembre 1761 il est sous-diacre, diacre le 18 décembre 1762; puis, le 17 décembre 1763, il reçoit la prêtrise à Paris comme chartreux présenté par ses supérieurs. Vicaire à Rouen, il est nommé procureur à Paris en 1776, puis prieur le 18 juillet 1778.

Il fait don de sa pension militaire à la Chartreuse pendant son noviciat; puis après avoir demandé qu'elle soit employée s'il en est besoin pour son père et ses tantes, il exprime le désir qu'on en fasse bénéficier de préférence les Ermites du Mont-Valérien. '

Au début de la Révolution, dom Nonant fut l'un des vingt-cinq membres désignés par le Clergé de la Ville pour la rédaction du Cahier de doléances et remontrances.

Deux religieux seulement du couvent devaient exprimer leur désir de rentrer dans le monde, mais tous prêtèrent, sans difficulté, le premier serment civique en présence du District de Saint-André-des-Arts et des étudians du Collège d'Harcourt le 9 février 1790. Le 15 mars suivant, le même district donnait une attestation en faveur de la bienfaisance des Chartreux.

Lorsque la municipalité de Paris se proposa, pour mettre à exécution les décrets de l'Assemblée Nationale, de réduire le nombre des maisons religieuses, Nonant envoya une adresse contre le projet de transférer son couvent à la campagne. Il demandait en grâce, pour ses religieux et pour lui, de les « laisser mourir en paix dans le saint asile qu'ils avaient choisi pour leur sépulture ». Ils n'ont pas envier la *liberté* qu'on veut leur assurer ; c'est bien volontairement qu'ils ont fait le sacrifice d'une liberté qu'ils ont crue dangereuse pour leur salut. L'intention de saint Louis, leur fondateur, en choisissant cet emplacement à la porte de sa capitale, a été d'en faire un spectacle permanent d'édification publique. Une *infinité de saints* s'y sont succédé, passant leur vie à prier pour la conservation de l'Etat. Qu'on permettre à des vieillards, à des infirmes, de les imiter jusqu'à la mort. » (Mars 1790.)

Dans l'état des biens et charges que le prieur adressait à la même époque à l'Assemblée, nous relevons la présence au monastère, de 23 profès-prêtres, 4 sous-diacres et 4 convers.

Les désirs des religieux ne devaient pas être satisfaits. Au 23 avril 1791, on leur unit les Théatins. Le 11 mai, deux officiers municipaux obligent les religieux réunis à se choisir un supérieur. Dom

Nonant, désigné par ceux-ci, proteste à leur tête contre ce mode inusité et inutile de procédure. Le 3 juillet 1792, on veut transférer tous ces moines à l'abbaye de Saint-Victor. Dom Nonant préfère sa liberté, puisque la règle propre de son ordre ne peut plus être observée.

L'influence de Dom Nonant sur les prêtres se témoigna après la mise en vigueur de la constitution civile du clergé. C'est à lui que l'abbé Curt, principal du Collège de Montaigu, adressa sa rétractation du serment schismatique.

Eloigné de son couvent, Nonant résida dans les environs rue de Tournon. Il dut cependant se réfugier pendant quelque temps chez les Ermites du Mont-Valérien pour éviter les persécuteurs. A son retour à Paris, il leur fut signalé. Le 8 ventôse an II (26 février 1794) le Département de Police ordonnait une perquisition à son domicile et son arrestation comme *prêtre réfractaire*. Une note indique qu'il fallait l'interroger *pour savoir s'il avait prêté les serments*. Cet interrogatoire très court du 4 floréal (23 avril) ne laisse aucun doute sur le motif de sa détention, qui allait être celui de son martyre. Ci-devant comte, il a sans doute fréquenté la cour du *ci-devant tyran;* mais on a trouvé chez lui des hosties, des ornements et vases sacrés, et des reliques : quel usage voulait-il en faire? « M'en servir pour dire la messe, répond-il. » En effet, une note écrite de sa main indique les dates récentes des messes qu'il a célébrées. La cause est entendue. De Sainte-Pélagie, il est envoyé au Luxembourg; il sera compris dans la prétendue conspiration de cette prison. Conspirateur comme les autres prêtres, « ces cruels ennemis de la liberté et de la souveraineté des peuples, dont les crimes ont inondé ce territoire du plus pur sang des citoyens ».

C'est la même formule employée dans le réquisitoire pour la triple *journée du Luxembourg*. Nonant fut, avec ses compagnons, condamné à mort le 21 messidor (9 juillet) et exécuté à la Barrière du Trône.

Documents : Arch. Nat., W.-410-943. — T. 583-1 et 2. — Archiv. de la Guerre.

VII. — Germain Queudeville,

Oratorien, puis curé de Coulans.

Né le 3 mai 1733, à Caen, dans la paroisse Saint-Nicolas, Germain Queudeville fit ses humanités et sa philosophie au collège des Jésuites de cette ville. Il reçut, le 24 septembre 1752, la tonsure cléricale et les ordres mineurs au palais épiscopal de Bayeux. Après trois années de théologie à l'Université de Caen, deux comme acolyte et une comme sous-diacre, il entra au noviciat de l'Oratoire à Paris, le 7 novembre 1755.

Le 22 septembre 1756, envoyé au collège de Beaune pour la logique (Beaune était un des meilleurs collèges de l'Oratoire), il y passe encore l'année 1757-58 pour la physique.

Le 27 septembre 1758, il vient de Beaune au Mans pour la logique (le collège du Mans était réputé pour ses cours de philosophie et de théologie). Il y reste comme physicien pendant l'année 1759-60.

Le 15 février 1760, il obtient la permission de se présenter à l'ordination du diaconat au Mans, et, le 2 mai 1760, à l'ordination sacerdotale ; il la reçut le 9 du même mois.

Après être demeuré au Mans, comme second théologien, pendant l'année 1760-61, en septembre 1761, il est envoyé comme philosophe à Montmorency pour l'année 1761-62. Montmorency était une maison d'études pour les jeunes Oratoriens sortant du noviciat et n'ayant fait ni leur philosophie, ni leur théologie.

Le 26 février 1762, il devient second directeur au séminaire de Saint-Magloire à Paris. Il y professe comme théologien de 1762 à 1766.

Il est second théologien au collège de Lyon, pendant l'année 1766-67.

Nommé le 2 octobre 1767 à Tours pour les conférences, il est, dès le 2 novembre 1767, envoyé à Juilly pour un cours de philosophie aux jeunes confrères, et y continue ses fonctions jusqu'en 1769.

Pendant son séjour à Tours, le 23 octobre 1767, Queudeville avait insinué son grade de maître ès-arts de l'Université de Caen, à l'Eglise du Mans, avec réitération les deux années suivantes. Le Chapitre de la Cathédrale le présenta en effet pour la cure de Coulans qui lui fut conféré par l'Evêque de Grimaldi-Monaco. Depuis le mois de juillet 1770 où il prit possession de cette cure, il l'administra jusqu'au refus du serment constitutionnel. Aucune signature de lui ne paraît plus après le 1er janvier 1791 dans les registres paroissiaux. Dès le 19 mai 1791, Monrocq, curé constitutionnel, est en fonction.

Queudeville s'était retiré à l'Oratoire du Mans. C'est là que lui fut envoyée la décision concernant le traitement qui lui était alloué.

Le revenu de sa cure, estimé avant 1790, 5.007 livres, était réduit à 3.251 livres. Mais depuis son remplacement il n'avait plus droit qu'à 500 livres : sacrifice pécuniaire qui n'arrêtait pas les prêtres fidèles.

En quittant Le Mans, Queudeville se rendit à Paris, puis à Juilly. C'est là que le 23 septembre 1792, il prêta le serment de liberté-égalité comme professeur émérite du collège, avec ses anciens confrères restés, à part une exception, fidèles à l'Eglise, et maintenus à la tête de leur établissement.

Lorsque fut décrétée la loi du 20-21 octobre 1793 qui obligeait les ecclésiastiques qui n'avaient pas prêté le serment, bien que fonctionnaires publics, à se présenter au Directoire de leur district pour se faire déporter ou enfermer dans une maison de réclusion, Queudeville, âgé de plus de soixante ans, et muni d'un passeport en règle et d'un certificat de civisme, crut devoir obéir et aller se mettre à la disposition des autorités du district du Mans.

Arrivé à Paris, il descend chez un ancien frère de l'Oratoire nommé Delamarre. On a prétendu qu'il alla consulter sur sa situation l'un de ses anciens élèves, Levasseur, député du Mans. Ce qui est certain, c'est que ce dernier l'avait dénoncé le second jour de la 2ᵉ décade de vendémiaire (3 octobre) au Comité de Sûreté Générale « comme ci-devant curé de Coulans, ayant refusé de prêter serment, et quitté sa cure..., homme très suspect devant être mis en état d'arrestation. »

Un mercredi du même mois d'octobre, Queudeville enfermé depuis cinq jours, écrit au crayon la pétition suivante : « Aux citoyens membres du Comité de Sûreté Générale : Un vieillard de plus de 60 ans, venant du Collège de Juilly muni d'un passeport et d'un certificat de civisme, est détenu depuis cinq jours. Il souffre de rhumatismes... Au nom de sa vieillesse, de son innocence et de ses souffrances, daignez lui donner audience pour écouter sa justification. »

La réponse ne se fit pas attendre. Le 12 brumaire an II (2 novembre 1763) le Comité Général, s'appuyant sur la dénonciation portée contre lui comme *très suspect*, ordonne de le conduire jusqu'à nouvel ordre dans une maison de détention de Paris. Le 16 brumaire, le même Comité arrête de l'envoyer au Luxembourg, jusqu'à ce qu'il soit transféré dans son département.

Ce transfert ne se fit pas. Huit mois après, le 18 messidor (6 juillet 1794), Queudeville était amené à la Conciergerie comme impliqué dans la Conspiration des Prisons. Comme ses confrères dans le sacerdoce, c'était pour l'accusateur public un « des plus cruels ennemis de la souveraineté du peuple, les prêtres, dont les crimes ont inondé le territoire français du plus pur sang des citoyens. »

Queudeville fit partie de la troisième fournée du Luxembourg

(22 messidor, 10 juillet). Un de ses co-accusés, Jean Martin, homme
de loi, secrétaire du juge de paix de la Section du Muséum, rendu à
la liberté, a fait un rapport, le 13 thermidor suivant, sur la mémorable séance du Tribunal Révolutionnaire où fut condamné Queudeville, 10ᵉ accusé. Aux questions qui lui furent posées, il dit
« ignorer les conspirations parce qu'il ne sortait pas de sa chambre.
— C'est bon, interrompt le Président, les jurés décideront de ta
moralité et feront bien attention que *tu es ex-prêtre Oratorien.* »
C'était suffisant pour aller à la guillotine. L'exécution eut lieu, en
effet, dans la soirée, à la Barrière du Trône.

On raconte que pendant qu'il était transporté au lieu du supplice,
Queudeville aperçut, rue Saint-Antoine, un de ses amis, du Pérou,
chanoine de Saint-Pierre du Mans ; leurs regards s'étant rencontrés,
il leva les yeux et les mains au ciel avec une expression qui voulait
dire qu'il espérait arriver bientôt à la céleste patrie.

Après sa mort, le Commissaire du Directoire du district du Mans
fit brûler ses manuscrits et disperser sa riche bibliothèque. Une
partie des livres put être sauvée et réunie à la bibliothèque com-
munale du Mans.

Documents : *Archives Nationales* W.-411-945, — F⁷ 4774-85, —
MM. *Registres de l'Oratoire.* — *Archives Départementales de la
Sarthe :* L., 261, et *Registre des Insinuations ecclésiastiques.* — *Ar-
chives du Calvados :* Université de Caen.

VIII. Jean-Baptiste-François ATTIRET,
Chapelain de Notre-Dame de Paris.

Jean-Baptiste-François Attiret, fils d'Antoine-Louis, avocat au Parlement, et d'Anne-Josèphe Saillard, naquit à Dôle le 20 octobre 1747, et fut baptisé le même jour. Les registres du Séminaire de Besançon mentionnent ses ordinations de sous-diaconat en septembre 1770, et de diaconat en mars 1771. Le dernier registre conservé qui se termine en mars 1772 ne révèle pas son ordination sacerdotale.

Nous le trouvons nommé chapelain de Saint-Eustache en l'église métropolitaine de Paris le 18 février 1788. Au moment où, comme tous les bénéficiers, il fit à Paris la déclaration de ses revenus, il affirmait que, avec cette chapellenie, il possédait plusieurs bénéfices dont la déclaration avait été faite en province. Il demeurait alors 122, rue Saint-Jacques ; et c'est là qu'il fut arrêté par ordre du Comité de la Section du Panthéon le 22 vendémiaire an II (13 octobre 1793).

N'étant point fonctionnaire public, il n'avait pas eu à prêter le serment de fidélité à la Constitution civile du Clergé. Il avait même pris extérieurement la qualification d'architecte que les antécédents de la famille d'artistes à laquelle il appartenait, et probablement les siens aussi, rendaient vraisemblable. La dénonciation envoyée contre lui ne l'en désigne pas moins par son titre bien connu : « *Labée Latiré*, ennemi du peuple, ci-devant ecclésiastique. »

Envoyé le 13 octobre 1793 à la prison de Sainte-Pélagie, l'Administration de Police le fit transférer à Bicêtre le 5 brumaire (26 octobre), puis au Luxembourg le 19 nivôse (8 janvier 1794). Compris dans les prétendues conspirations des prisons, il dut à son titre de prêtre l'accusation commune portée par Fouquier-Tinville contre tous les ecclésiastiques de sa *fournée* (19 messidor) : « Enfin on y voit les cruels ennemis de la souveraineté et de la liberté des peuples, ces prêtres dont les crimes ont inondé le territoire français du plus pur sang des citoyens. »

Le 22 messidor (10 juillet 1794), 46 accusés comparaissaient au Tribunal révolutionnaire. L'un d'eux, Martin, qu'on n'avait pu convaincre, racontait, quelques jours après la chute de Robespierre, les incidents de cette séance. Sur la négation de toute participation à la conspiration supposée qu'opposait chacun des prêtres, il s'entendait apostropher de la manière suivante : « C'est bon ; les jurés décideront de ta moralité, et feront bien attention que tu es ex-prêtre. »

La décision dictée d'avance, c'était la condamnation à la guillotine et l'exécution dans les 24 heures à la Barrière de Vincennes, puis l'enfouissement dans la fosse commune de Picpus.

Documents : Archives du Doubs, G. 907 ; Archives de la Préfecture de Police ; Archives Nationales W-411-945.

IX. DE BRUGES,

IX. DE BRUGES,

Vicaire général et Député de Mende.

(Voir l'article supplémentaire.)

X. Marie-Louise de MONTMORENCY-LAVAL,

Abbesse de Montmartre.

Marie-Louise de Montmorency-Laval naquit le 31 mars 1723, à Paris. Elle était fille de Guy-Claude Roland, comte de Laval, maréchal des camps et armées du roi, qui devint, en 1747, maréchal de France, et de Marie-Elisabeth de Rouvroy de Saint-Simon. L'épître dédicatoire d'un ouvrage manuscrit signé Creyssent : *Le langage du cœur à Jésus-Christ* (Bibliothèque de l'Arsenal, ms 5168), nous apprend qu'elle passa « ses plus tendres années dans le silence et la retraite ». Elle fut élevée dans l'abbaye de Notre-Dame-du-Pré, au Mans, dont sa tante, Marie-Madeleine de Saint-Simon, était abbesse, et où on la trouve religieuse en 1742 et prieure en 1749. Le brevet de l'Abbaye de Montmartre lui fut accordé par Louis XV, le 14 décembre 1760. On a plusieurs témoignages de la douceur et de la charité qui étaient les traits distinctifs de son caractère.

Lorsque, après le décret prohibant les vœux monastiques, le maire et la municipalité de Montmartre se présentèrent, le 2 juillet 1790, à l'Abbaye pour recevoir la déclaration des religieuses sur leurs intentions, l'abbesse et trente-neuf religieuses affirmèrent par leur parole et leur signature qu'elles voulaient demeurer dans leur monastère. Douze autres déclarèrent vouloir sortir. Mme de Montmorency employa ses efforts à les persuader de s'adresser à l'autorité ecclésiastique si elles voulaient être relevées de leurs vœux, et, gardienne de la règle, déploya une grande vigilance pour empêcher les rapports clandestins de ces religieuses infidèles avec le dehors.

Elle eut, peu après, à défendre les biens matériels de l'Abbaye, et elle le fit avec autant de fermeté et de dignité que d'urbanité. Grâce à ses démarches, elle put conserver à son monastère jusqu'à la fin, une partie de l'enclos que la municipalité de Montmartre voulait mettre en vente et qui, selon toutes probabilités, contenait le terrain sur lequel s'élève la basilique du Sacré-Cœur. Elle lutta aussi, mais moins heureusement, pour conserver un précieux ostensoir, qui fut donné à la paroisse de Montmartre. Elle put mettre à l'abri de la profanation les saintes reliques de l'Abbaye.

La dignité de son caractère lui avait gagné le procureur syndic de Saint-Denis, Béville, chargé de la liquidation du monastère; et c'est dans la ville qu'il habitait, Saint-Denis, qu'elle se retira avec un petit groupe de ses filles. D'après l'abbé Aimé Guillon, elle y « continua, autant que les circonstances et sa santé le lui permirent, les exercices de sa Religion qu'elle avait toujours pratiquée avec autant d'édification que de ferveur ». Le 26 juin 1793, la municipalité de Saint-Denis décréta d'exiger le serment de liberté-égalité de tous les religieux et religieuses qui recevaient une pension. Mme de Montmorency-Laval le prêta le 30 juin. Elle reçut pendant quelque temps, au château de Bondy, l'hospitalité de la marquise de Crussol d'Amboise qui avait déjà caché chez elle, à Paris, le curé insermenté de Chatou, l'abbé Pascal.

Elle revint à Saint-Denis lorsque la marquise de Crussol fut arrêtée, et elle y logeait chez l'ex-procureur syndic, Béville, quand fut lancé contre elle le mandat d'arrestation rédigé, d'après une dénonciation, le jour même de la condamnation et de l'exécution de la marquise de Crussol d'Amboise, 21 floréal an II. Elle fut incarcérée à Saint-Lazare et, bien qu'impotente, comprise dans la conspiration fictive dont le plan consistait, pour les prisonniers, à s'échapper par une fenêtre. Elle fit partie de la première fournée, jugée le 6 thermidor.

Fouquier-Tinville, dans son réquisitoire, met les faits suivants à sa charge particulière : « La femme Laval, ex-abbesse de Montmartre, a été en cette qualité une des plus cruelles ennemies du peuple, en exerçant sous le prétexte des privilèges de sa ci-devant abbaye une foule d'exactions et de concussions envers les citoyens qu'elle avait l'audace d'appeler ses vassaux. Elle a refusé de prêter aucun serment à la nation, croyant que son nom et son état de religieuse devoit l'empêcher de reconnoître jamais la liberté et l'égalité des hommes entre eux; enfin elle est encore prévenue d'avoir entretenu des intelligences avec les conspirateurs d'Outre-Rhin. »

Le titre d'abbesse et de religieuse est le grand chef d'accusation. Chéronnet, dans l'histoire de Montmartre, pour faire justice de l'accusation d'exactions et de concussions, fit appel au souvenir de plusieurs vieillards de Montmartre qui « avaient pu apprécier le caractère paternel et conciliant de la dernière abbesse de Montmartre ». Pour les intelligences avec les ennemis d'Outre-Rhin, c'était une des calomnies ordinaires de l'accusateur public.

Elle mourut l'après-midi du même jour sous le couteau de la guillotine. L'abbé Aimé Guillon donne ce détail : « Lorsqu'elle alloit au supplice, nous dit un témoin qui ne sauroit nous être suspect, elle paroissoit un ange qui s'envole vers les cieux. »

Documents : Arch. Nat. : Registres de l'Abbaye de Montmartre. W-431. — AA-45. 1349. — F7. 4774-50. — Arch. de la Préfecture de Police,

XI. Joseph Raoulx,

Doctrinaire.

Né à Graveson (Bouches-du-Rhône), le 10 août 1737 et baptisé
le surlendemain, Joseph Raoulx entra chez les Doctrinaires de
Saint-Charles en 1753. En 1789, il était assistant de la Congrégation
pour la province d'Avignon. Il avait pu échapper à l'arrestation qui
avait englobé ses deux confrères de la rue des Fossés-Saint-Victor
et au massacre de septembre 1792, quand il fut obligé de quitter
la maison de la Communauté le 26 octobre suivant. Il alla se réfugier rue de la Fraternité, 57, dans l'Ile Saint-Louis. Il y obtint à
la Section un certificat de civisme; mais pour éloigner tout soupçon,
il renonça *extérieurement* à son titre d'ancien religieux et s'associa
à un commerce de mercerie, 12, rue des Lombards. Il n'en fut pas
moins dénoncé et poursuivi sur la réquisition de son ancienne
section de la Fraternité.

Une perquisition (15 ventôse) amène la découverte chez lui
d'une brochure suspecte : « La Piété réconciliée avec le serment de
liberté-égalité ». C'était cependant l'apologie de ceux qui avaient
prêté ce serment.

Un instant on lui déclare qu'il est libre; mais le lendemain il
est maintenu en détention comme *fanatique dangereux* et envoyé
à Saint-Lazare.

Le Comité avait en effet délibéré. Outre les *blasphèmes* de la
brochure contre le serment de liberté-égalité et contre la constitution républicaine, on pouvait lui reprocher d'avoir gardé d'autres
papiers suspects. Les propos qu'il a tenus en diverses circonstances
manifestent son fanatisme. « A un membre de la Commune qui lui
a demandé s'il était marié, il a répondu qu'il avait fait son serment
de religion et qu'il ne manquerait jamais à ses vœux; soutenant
qu'il fallait une religion et que nous devions suivre la loi de nos
pères. »

De Saint-Lazare, le 30 floréal, il rédige une pétition, qui nous
a été conservée écrite et signée par lui-même. Jamais il n'a été fonctionnaire public; il a cessé extérieurement toute fonction ecclésiastique aux termes de la loi. De bonne heure, et par deux fois il a
prêté le serment de liberté-égalité; il a rempli tous ses devoirs de
citoyen : gardes, contributions patriotiques; c'est un citoyen tranquille et parfaitement soumis aux lois de la République.

Il n'en fut pas moins compris dans la deuxième fournée de
Saint-Lazare. C'était bien un ennemi du peuple, comme les autres
prêtres : « Ne pouvant fonder l'esclavage que sur l'imposture, le
mensonge et les prestiges du fanatisme; ... ils ont voulu rétablir
le règne de la tyrannie et de la superstition pour opprimer de nouveau le peuple sous le double joug du pouvoir et du mensonge. »

Cette accusation globale de Fouquier-Tinville mérita la mort aux détenus ecclésiastiques (7 thermidor).

L'ancien prédicateur si goûté des Parisiens, le *Père Raoulx*, reprit ses fonctions pendant ses dernières heures. Il exhorta et encouragea tous les condamnés et put leur donner à tous une suprême absolution, après avoir obtenu d'être immolé le dernier.

Documents : Arch. Nat. W-431-969. — F7* 2485 et 4774-87.

XII. Louis-Charles Assy,

Vicaire perpétuel de Saint-Martin-des-Champs
en l'église métropolitaine de Paris.

Louis-Jean-Charles Assy, né à Paris le 28 octobre 1758, fit ses études (sous le nom de *Dassy*) au collège des Oratoriens de Juilly du 6 octobre 1767 au 20 février 1775. Après avoir rempli les fonctions de vicaire à Eaubonne (aujourd'hui du diocèse de Versailles) de 1783 à 1786, il fut, le 29 mars de cette dernière année, nommé, par l'Abbé commendataire de Saint-Martin-des-Champs, vicaire perpétuel de cette abbaye en l'église métropolitaine de Paris. C'est en cette qualité qu'il fit sa déclaration en 1790.

Son bénéfice supprimé par la Constitution, il continua à résider à Paris, Parvis Notre-Dame. C'est là qu'il fut arrêté par le Comité Révolutionnaire de la Section de la Cité, le 11 brumaire an II « regardé comme suspect, ex-prêtre réfractaire ». Envoyé à la prison de Sainte-Pélagie, il fut transféré le 27 du même mois (17 novembre 1793) à la Force, puis, le 12 pluviôse (31 janvier 1794) à Saint-Lazare.

Compris dans la prétendue conspiration de cette prison, il comparut au Tribunal Révolutionnaire qui le condamna à mort le 7 thermidor (25 juillet 1794). Son crime, comme celui des autres ecclésiastiques de cette *journée*, c'était pour Fouquier-Tinville, d'être de ces « prêtres qui se sont constamment prononcés contre le peuple dont ils n'ont cessé d'être les ennemis : ne pouvant fonder l'esclavage des peuples que sur l'imposture, le mensonge et les prestiges du fanatisme, ils ont, soit par leurs intrigues avec les conspirateurs du dedans, soit par leurs correspondances avec ceux d'Outre-Rhin, tenté de rétablir le règne de la tyrannie et de la superstition pour opprimer de nouveau le peuple sous le double joug du pouvoir et du mensonge. »

Il fut exécuté dans les vingt-quatre heures à la Barrière de Vincennes et enfoui dans la fosse commune de Picpus.

Documents : Archives du Collège de Juilly. — Registres du Chapitre de Paris. — Archives de la Préfecture de Police : Arrestations et écrous des prisons. — Archives Nationales W-431.

XIII. Pierre Hébert,
Premier curé de Courbevoie.

Pierre Hébert naquit et fut baptisé à Breuville, au diocèse de Coutances, le 20 octobre 1742, d'une famille très chrétienne qui donna plusieures prêtres à l'Eglise. Les registres paroissiaux nous fournissent quelques indications sur son avancement dans les ordres sacrés : en 1764 il signe comme acolyte, en 1766 comme sous-diacre, en 1767 comme prêtre. Il avait en effet reçu la tonsure et les Ordres mineurs le 24 septembre 1763 ; des dimissoires lui avaient été donnés pour le sous-diaconat (25 août 1764), et pour le diaconat (18 septembre 1765). Il vint à Paris comme précepteur. La famille de Montmarqué dont il instruisait les enfants, le fit agréer comme vicaire à la chapelle de Courbevoie par l'abbé Bénard, curé de Colombes au diocèse de Paris.

De 1768 à 1785, Hébert administra la chapelle vicariale à la satisfaction de tous. Le développement de Courbevoie en amena l'érection en cure et paroisse. L'abbé Hébert y fut installé curé le 30 mars 1785. Après bien des difficultés il put réunir les fonds nécessaires pour la reconstruction de l'église qui menaçait ruine : la première pierre fut posée le 9 mai 1790.

Le nouveau curé ne devait pas jouir longtemps de ce succès. Seul dans le canton, avec le curé de Colombes, il refusa le serment constitutionnel, et dut quitter sa paroisse dans les premiers jours d'avril 1791. Il se retira à Paris rue de la Fraternité, dans l'Ile Saint-Louis.

La prudence guidait sa conduite. Il satisfaisait à tous les devoirs de citoyen. Ainsi que beaucoup de prêtres opposés au schisme, il ne crut pas devoir refuser le serment de liberté-égalité présenté au clergé parisien comme purement politique.

Mais les Jacobins de Courbevoie n'avaient pas oublié leur curé insermenté. Ils demandèrent au Comité de la Section de la Fraternité d'arrêter Hébert comme réfractaire et suspect. Cette section, n'ayant rien à reprocher à son nouveau concitoyen, n'obtempéra pas à leur désir. Ils s'adressèrent alors directement au Comité de Sûreté générale, et le 28 brumaire an II (18 novembre 1793) Hébert était arrêté à une heure du matin dans son domicile.

Emprisonné d'abord à la Force, puis à Saint-Lazare le 11 pluviôse suivant, Hébert écrivit deux fois au Comité de Sûreté Générale pour exposer sa conduite irréprochable au point de vue légal. L'attestation de la Section de la Fraternité plaidait d'ailleurs en sa faveur. Il n'en fut pas moins maintenu prisonnier jusqu'au jour où les terroristes, sentant leur influence compromise, inventèrent comme ils l'avaient fait en septembre 1792, les prétendues conspirations des prisons pour arriver plus facilement à se débarrasser de leurs otages :

Après la prison du Luxembourg où 146 victimes sont envoyées au Tribunal révolutionnaire, jugées et exécutées en trois jours, ce fut le tour de celle de Saint-Lazare. 82 prisonniers de cette dernière prison sont conduits à la Conciergerie, et au Tribunal, pour y entendre les accusations gratuites de Fouquier et leur condamnation à mort, sans aucune observation possible de leur part.

« Pierre Hébert, ex-curé de Courbevoie, âgé de 52 ans, né à Breuville (Manche) » n'a d'autre crime à expier que celui qui lui est commun avec les autres prêtres de la même *journée* : « Les nommés Hébert, Coutant, Dassy, Malgane, Buquet, Lenfant, Meynier, Voyot et Léonard Sellos, *tous prêtres*, se sont constamment prononcés contre le peuple, dont ils n'ont cessé d'être les ennemis; ne *pouvant fonder l'esclavage des peuples que sur l'imposture, le mensonge et le prestige du fanatisme*, ils ont, soit par leurs intrigues avec les conspirateurs du dedans, soit par leurs correspondances avec ceux d'Outre-Rhin, voulu rétablir le règne de la tyrannie et de la *superstition* pour opprimer de nouveau le peuple sous le double joug du pouvoir et du mensonge. »

La condamnation à mort est du 7 thermidor; l'exécution, pour laquelle on avait cru devoir requérir la protection de la force armée parisienne, se fit dans la soirée à la barrière du Trône (25 juillet). Deux jours après Robespierre et plusieurs de ses complices subissaient la peine de leurs forfaits.

Avec les victimes de cette fournée, furent décapités *le reste* des accusés de la première fournée condamnés la veille. Parmi eux se trouvait le Père Raoulx, doctrinaire, qui demanda à mourir le dernier, et put ainsi, avec une courageuse charité, donner à chacun la suprême absolution.

Le registre des Délibérations de la Commune de Courbevoie du 8 ventôse an III, et jours suivants, rend compte de la conviction des anciens paroissiens d'Hébert que c'était bien à la dénonciation des Sans-Culottes de cette commune qu'il fallait attribuer son emprisonnement et sa mort.

Documents : recueillis par l'abbé Piquemal dans son ouvrage sur Courbevoie et Pierre Hébert (Paris 1908).

XIV. Léonard-Michel SELLOS,

Vicaire à Fontenay-les-Louvets (Séez).

Né à Rouperroux au diocèse de Séez, Léonard-Michel Sellos fut baptisé dans l'église paroissiale le 16 décembre 1763. L'exemple de son frère aîné le porta à embrasser lui aussi l'état ecclésiastique. Après ses études faites au Collège ecclésiastique de Séez, il reçut successivement la tonsure en Avril 1783, les Ordres mineurs le 25 mars 1785, le sous-diaconat le 24 septembre de la même année, et le diaconat le 23 septembre 1786. Un dimissoire lui permit d'être ordonné prêtre au Mans le 22 décembre 1787.

Du 1er janvier 1788 au 1er juin 1792, nous trouvons la signature de Sellos comme vicaire dans les registres de Fontenay-les-Louvets. Sa présence dans cette paroisse à cette dernière date ne prouve nullement qu'il avait prêté le serment constitutionnel : les réponses très nettes de son interrogatoire sont en ce point d'accord avec les traditions familiales. Les curés non-jureurs conservaient l'administration de leur paroisse, avec le traitement prévu pour les curés constitutionnels, jusqu'à l'installation des jureurs élus par le peuple. Les registres du District d'Alençon montrent la difficulté qu'on eut pour pourvoir à ces remplacements ; plusieurs ecclésiastiques élus refusèrent et il fallut recommencer plusieurs fois les élections pour certaines paroisses.

Le 18 juin 1791, dans l'église Notre-Dame d'Alençon était proclamée l'élection de Laude comme curé de Fontenay, en même temps (coïncidence remarquable) que celle de Bonaventure Ferey, plus tard rétractaire et martyr de notre cause, à Saint-Denis-sur-Sarthon, et de Fouquet, remplaçant à Boitron de Nicolas Poret martyrisé en septembre 1792. — Laude ne dut pas accepter. Le traitement de la cure est donné en 1793 à Perdriel qui avait signé tous les actes à partir du 6 juin 1792, à l'exclusion de l'ancien curé et de Sellos. Le vicaire de Fontenay se retira, disent les traditions, à Rouperroux, essayant d'y faire quelque ministère. Ce ne fut pas pour longtemps. Citons son interrogatoire devant le Commissaire de la *Section des Fédérés* à Paris (Archives de la Préfecture de Police), il nous donnera toutes les précisions désirables sur ses différentes pérégrinations.

« 27 février 1793.

« Sur avis reçu, arrestation pendant la nuit, 9 h. 1/2 du soir, de 2 prêtres réfractaires logés depuis le 23 chez Boidier, cordonnier et logeur, rue d'Ormesson, Marché Sainte-Catherine ; ils ont avoué de suite qu'ils étaient prêtres réfractaires. — Interrogés au Bureau de Police par le Commissaire qui les a arrêtés, ils ont ainsi répondu :

« 1° Léonard-Michel Sellos, né à Rouperroux, département Orne, district d'Alençon, 28 ans, précédemment vicaire de Fontenay-le-Louvet, même département et district, actuellement demeurant Marché Sainte-Catherine depuis le samedi 23 du présent. — Il est venu à Paris, quoique connaissant la loi concernant les prêtres réfractaires, pour y vivre paisible et y vivre en bon citoyen. — Il a quitté son vicariat l'année dernière vers la Trinité. — Il a été d'abord à Rouen où il a resté jusqu'au 23 aoust dernier, de là à Versailles, où il a resté jusqu'à samedi dernier 23 du présent mois, jour auquel il est venu loger chez le citoyen Boidier, Marché Sainte-Catherine. Nous observe que tout le temps qu'il a resté à Versailles il a toujours fait son service militaire, ce qu'il nous a justifié par différents billets de garde... Signé : L.-M. SELLOS.

« L'interrogatoire du compagnon de Sellos, explique et confirme ses affirmations. Mathurin-Jérémie Chevalier, 30 ans, natif d'Alençon, vicaire de Saint-Germain de Coulonge (Orne). Parti de son poste en juillet 1791, il est resté chez son père à Alençon pendant quelques mois, puis environ 4 mois à Rouen, de suite à Versailles où il a demeuré depuis le 25 août dernier jusqu'au vendredi 22 du présent, où il est venu demeurer Marché Sainte-Catherine, avec son ami Sellos qu'il n'a pas quitté. Signé : CHEVALIER. »

En conséquence les deux prêtres sont conduits au Comité de Surveillance de la Mairie de Paris pour être statué ce que de raison sur leur compte par les Administrateurs de la Police. Sellos fut par eux envoyé à Sainte-Pélagie le 28 février 1793, ainsi que son compagnon qui devait le suivre dans ses différents transferts.

De qui émanait la dénonciation contre Sellos? Il n'avait pas eu le temps de faire de connaissance à Paris. Le compatriote dont parle la tradition, qui voulut se venger de la charité avec laquelle il lui avait prêté 100 francs, avait pu le fréquenter à Versailles et le suivre à Paris.

De Sainte-Pélagie, Sellos fut transféré à Bicêtre le 12 septembre 1793. De cette prison il écrivit plusieurs lettres à un ancien compagnon de captivité et à sa famille. La plainte de la nourriture qu'on lui servait et l'allusion aux petits déjeûners qu'il pouvait se procurer à Sainte-Pélagie, ne sembleraient-ils pas indiquer la précieuse nourriture dont les prêtres détenus avaient l'avantage, à certains jours, de substanter leur âme pour la fortifier contre l'épreuve?

Le 12 pluviôse an II (31 janvier 1794) Sellos et son compagnon furent envoyés à la prison établie dans la Maison de Saint-Lazare, Chevalier devait y attendre sa mise en liberté après la Terreur (2 pluviôse an III).

Sellos eut l'honneur de la quitter pour la Conciergie, vestibule du Tribunal Révolutionnaire, le 6 thermidor (24 juillet 1794). Le lendemain il était condamné à mort et exécuté à la Barrière de Vincennes, deux jours avant la chute de Robespierre.

Son crime? Le terrible accusateur public aurait pu rappeler son refus de serment et son séjour en France malgré la loi qui l'obligeait à s'expatrier. L'examen de chacun des accusés était le dernier souci des pourvoyeurs de la guillotine dans ces dernières fournées. L'invention d'une conspiration des détenus des diverses prisons donnait un moyen plus expéditif de purger la 'République de tous ces *scélérats*. Les ecclésiastiques avaient un motif tout spécial d'être convaincus de rébellion, quels que fussent leurs antécédents : « Tous prêtres, disait Fouquier-Tinville pour la triple fournée de Saint-Lazare, se sont constamment prononcés contre le peuple, dont ils n'ont cessé d'être les ennemis ; ne pouvant fonder l'esclavage dés peuples que sur l'imposture, le mensonge et les prestiges du fanatisme, ils ont, soit par leurs intrigues avec les conspirateurs du dedans, soit par leurs correspondances avec ceux d'Outre-Rhin, voulu rétablir le règne de la tyrannie et de la superstition pour opprimer de nouveau le peuple sous le double joug du pouvoir et du mensonge ».

La famille fut informée de la mort glorieuse du martyr par un témoin oculaire d'une paroisse voisine de Rouperroux. On a conservé l'acte de partage de ses biens entre ses frères (15 décembre 1796). Son aîné, l'abbé Michel Sellos, put traverser la Terreur dans sa paroisse natale en y administrant les sacrements malgré les poursuites dont le souvenir s'est conservé dans le pays. A l'époque du Concordat il fut maintenu à Rouperroux comme curé et y mourut en 1826. Le curé actuel, en relevant sur une plaque commémorative le nom des pasteurs depuis cette époque, les a fait précéder à bon droit de cette simple inscription : « Léonard-Michel Sellos, *Martyr* ».

C'est bien l'expression de la tradition de toute la région. L'abbé Michel Sellos, puis son neveu le curé de Saint-Michel-la-Robert, réunirent les objets et surtout les écrits ayant appartenu à leur glorieux parent. Les nombreux partages de famille les ont malheureusement dispersés et il est assez difficile de les retrouver. Le souvenir n'en demeure pas moins fidèle parmi les siens ; Léonard est toujours considéré comme le protecteur de ses compatriotes et de ses parents.

Documents : Archives Nationales : W-431-969. — Archives de la Préfecture de Police : *Section des Fédérés*. — Archives de l'Orne, Série L.

XV. Pierre Broquet,

Chapelain de Notre-Dame de Paris.

Pierre Broquet était né et avait été baptisé à Gouville (diocèse de Coutances), le 14 novembre 1714. Sa présence dans son pays natal est affirmée par les nombreuses signatures de lui qui se trouvent dans les registres paroissiaux jusqu'en 1744. Au 26 septembre 1737 il s'intitule *sous-diacre*. Il est ordonné prêtre à Coutances le 24 avril 1740.

Nous n'avons aucune indication sur ses fonctions jusqu'en 1754. Les nobreux parents qu'il avait à Paris comme libraires l'attirèrent sans doute dans la capitale. Il y était suffisamment connu pour être proposé comme chapelain de l'église métropolitaine en 1754. Le 5 mars de cette année, les Registres capitulaires de Notre-Dame de Paris (1), donnent le procès-verbal de la collation qui est faite de la Chapellenie de Saint-Denis et Saint-Georges « Magistro-Petro Broquet, diœcesis Constantiensis, presbytero sufficienti, capaci et idoneo » : c'est la formule usuelle.

La Révolution, en supprimant les bénéfices, fit perdre son titre à Pierre Broquet. Les pièces de son procès vont nous fournir les renseignements sur sa conduite à cette époque troublée.

15 *floréal an II* : Réponse (2) des Administrateurs au Département de Police de Paris aux citoyens membres du Comité Révolutionnaire de la Section du Faubourg Montmartre sur le citoyen Broquet, domicilié rue Bergère. — Il a plus de 60 ans ; les *réfractaires* de cet âge sont exempts de la déportation ; mais les lois réclament leur réclusion dans une maison commune au chef-lieu du département. Il n'y a pas de semblable maison à Paris ; mais « dans cet état de choses vous ne pouvez douter qu'il ne faille sur le champ renfermer Broquet dans une maison d'arrêt quelconque. »

2 *prairial* : Le Comité de surveillance du Faubourg Montmartre (3) « arrête que le cᵉⁿ Pier Broquet, ex-prêtre aux termes de la loy qui dit que tout prêtre non assermenté est sujet à la réclusion en conséquence le comité a arrêté que ledit çᵘ Pier Broquet serait conduit à Saint-Lazare ce jour et ans que dessus ».

Suit l'interrogatoire.

Pier Broquet ex-prêtre. — Son revenu se compose de : 2 contrats, l'un sur le Chapitre de Notre-Dame, de 240 l., l'autre de 330 l. sur les ci-devants Etats de Bourgogne, plus 700 l. en rente viagère sur la Ville.

---

(1) Arch. Nat. LL 232-26.
(2) Ibid. F7 4618.
(3) Arch. Nat. F7 2482.

— Quelles sont tes liaisons et relations politiques? — Je n'en ai point.

— Qu'as-tu fait pour la Révolution, aux époques de mars et mai, juillet et octobre 1789 et 10 août? — Je n'ai rien fait.

— As-tu prêté le serment exigé par la loy? — On ne me l'a pas demandé.

— As-tu accepté la Constitution? — On ne me l'a pas demandé.

— A quelle église étais-tu prêtre? — A l'église Notre-Dame où j'étais chapelain.

— Combien as-tu été de tems chapelain? — Environ 30 ans.

— Combien y a-t-il de tems que tu demeure sur notre section? — Depuis mars 1793.

— Quel sont tes pays de naissances. De Coutance dépt. du Calvados (*sic*). — Quel âge as-tu? — 80 ans. »

« Après les recherches les plus scrupuleuses au domicile dudit c^en nous n'avons rien trouvé de contraire à la République, sinon une brochure de l'abbé Reinat intitulée : Lettre de l'abbé Reinat à l'Assemblée Nationale »...

« Lecture à lui faite a dit contenir vérité y a persisté et a signé

Broquet.

3 prairial : Dénonciation (1) du citoyen Daubrée, brasseur, rue Richer, contre son oncle qu'il avait chez lui. Il « s'est toujours opposé à ce qu'il ne propage des sentiments aristocratiques et fanatiques qu'il professait ; qu'il a empêché toute communication avec plusieurs pénitents qui venaient pour le visiter, qu'il s'est aperçu qu'il allait les voir lui-même. Il lui a fait ôter ses vêtements, et l'a même fait tenir sous clef. Que voulant néanmoins entretenir ses liaisons, il a tenté d'enfoncer la porte de sa chambre à coups de hache, et qu'une autre fois il est parvenu à sortir en robe de chambre, sans souliers, sans chapeau, pour aller dire la messe chez les frères tailleur, rue Germain-l'Auxerrois. Qu'ayant appris ces faits à son retour d'une campagne qu'il avait fait dans son pays, il l'a resserré de plus près ; et a fait sa déclaration à plusieurs citoyens connus. De même encore que revenant de la Mairie le 29 mars 1793 où il avait été détenu, mis en liberté sous son cautionnement, il a promis une récompense à ses ouvriers s'ils chassaient indignement l'abbé Quarante, maintenant détenu, et l'abbé Vast (*Vasse*), ancien professeur au collège d'Harcourt, qu'il engageait dans ses principes fanatiques. »

Cette pièce se passe de tout commentaire. Un vieillard de 80 ans, ainsi trahi par ses proches, aurait pu inspirer la compassion aux

(1) F7 4618.

cœurs les plus sauvages : La fermeté de ses convictions le rendait trop dangereux.

Incarcéré à Saint-Lazare comme « *non-assermenté* par mesure de sûreté générale », Pierre Broquet était un des premiers ecclésiastiques désignés au glaive de la loi. Le motif de conspiration n'était pris au sérieux par personne. La partie du réquisitoire de Fouquier-Tinville qui visait spécialement les prêtres compris dans la Conspiration pouvait atteindre Broquet : c'est à leur sacerdoce exempt de toute compromission avec le schisme des assermentés, qu'ils doivent leur mort glorieuse.

Dans l'énumération des victimes proposées pour la troisième fournée de Saint-Lazare, Pierre Broquet (1) est ainsi qualifié : « ex-prêtre, non-assermenté, âgé de 8o ans, né à Coutance, département du Calvados, demeurant à Paris, rue Bergère. »

Ces titres n'empêchent pas Fouquier-Tinville de joindre son nom à celui de Brognard, curé constitutionnel de Saint-Nicolas du Chardonnet à Paris : « Les prêtres Brognard et Broquet, dit-il, n'ont cessé depuis la Révolution de montrer la haine et l'aversion la plus prononcée contre la souveraineté du peuple et l'égalité. »

Si la haine du sacerdoce ne permet plus aux bourreaux de distinguer le prêtre fidèle de son malheureux confrère, les documents sont là pour nous montrer si Broquet était dans son devoir en pratiquant la haine et l'aversion contre certaines lois iniques du peuple souverain.

La condamnation et l'exécution eurent lieu le 8 thermidor an II (26 juillet 1794), veille de la chute de Robespierre.

Le souvenir de Pierre Broquet et de sa mort tragique est resté dans la paroisse de Gouville. On montre encore sa maison paternelle à *la Broqueterie*. La triste conduite du neveu dénonciateur a été longtemps flétrie. Le triste Judas avait mérité de devenir commissaire du pouvoir exécutif dans le canton de Blainville. On l'accusait des derniers outrages à l'égard du Crucifix ; et ses héritiers directs portèrent la peine de ses crimes. Beaucoup de familles actuelles, apparentées au martyr, ont appris avec le plus grand bonheur qu'il était proposé pour les honneurs de la béatification. Déjà, en 1825, dans un acte de partage, on le désignait comme « victimé sous la Révolution ».

(1) Arch. Nat. W. 432-971.

B. — Nota. — Les Serviteurs de Dieu dont lesnoms suivent furent arrêtés dans le Département de Paris, jugés et condamnés avant l'invention des Conspirations des Prisons. Régulièrement ils ne devraient être jugés que *d'après les lois promulguées avant leur arrestation*. Nous savons que les différents juges ne tenaient pas toujours compte de ce principe de première équité.

XVI. Pierre-Joachim Vancleemputte

Vicaire à Saint-Nicolas-des-Champs.

Né à Paris, vers 1760, Vancleemputte fut tonsuré en 1774, le 1er octobre, minoré à la Passion de 1779, sous-diacre à la Trinité de 1780, diacre à la Trinité de 1781. Le 30 août 1782, le Curé de Saint-Nicolas-des-Champs lui donnait le certificat suivant : « Attaché au Clergé de ma paroisse depuis son enfance, P. J. Vancleemputte remplit avec édification tous ses devoirs. » Aussi devenu prêtre à la Trinité de 1783, il exerça les fonctions du saint Ministère dans cette même paroisse. Il dut la quitter au moment de l'arrivée du curé-intrus en 1791.

Au collège de Navarre où il avait fait ses études, il eut comme professeur de théologie l'un des futurs martyrs de septembre, Briquet.

A la suite d'une dénonciation, le 7 octobre 1793, le Comité de Surveillance de la Section du Finistère fit procéder à une perquisition dans une maison de la rue des Anglaises appartenant à *Vancleemputte*. On y trouva tous les ornements et vases sacrés nécessaires pour la célébration de la messe, et de plus un petit morceau de papier sur lequel il y avait un peu de sang avec cette inscription : *Sang du roi Louis XVI.*

Les habitants de la maison interrogés avouèrent que ces objets appartenaient à leur propriétaire, ou du moins lui servaient pour dire la messe tous les huit ou quinze jours ; que presque tous y assistaient avec quelques personnes du dehors. Vancleemputte, qui demeurait habituellement rue des Postes, fut interrogé à son tour.

Ancien prêtre habitué de Saint-Nicolas des Champs, il avait prêté le premier serment *civique*, mais il avait quitté la paroisse au moment où on demandait au clergé le serment de la constitution civile. Quant au serment de liberté-égalité, il l'avait prêté uniquement comme citoyen, sans prendre son titre de prêtre ; sa carte porte en effet la profession de maître de langues.

Il avoue avoir dit la messe chez lui, dans sa propre maison, en présence de personnes même étrangères, avoir administré dans ce même lieu les sacrements de Pénitence et d'Eucharistie, et avoir également donné, mais rarement, l'Extrême-Onction et le Viatique ; il s'y croyait autorisé par la loi sur la liberté des cultes, et n'avait demandé aucune autorisation à l'évêque et au curé de la paroisse, ni à la municipalité.

Traduit, ainsi que deux des personnes de sa maison, au Département de Police, Vancleemputte renouvelle toutes ses déclarations (19 vendémiaire-10 octobre). Prévenu « d'avoir entretenu le fanatisme et la superstition sur la royauté et d'avoir exercé les fonctions nocturnes de son ministère », il est envoyé à la Conciergerie pour être jugé par le Tribunal Révolutionnaire.

L'interrogatoire qu'il subit devant ce Tribunale le 2 nivôse (22 décembre) renouvelle les mêmes questions et les mêmes réponses que les précédentes. Il connaît le motif de son arrestation : « Oui, j'ai été arrêté comme prêtre, disant la Messe quelquefois dans une maison à moi appartenante. » Il évite de nommer les personnes qui n'ont pas été connues jusque-là pour avoir profité de son ministère. Il insiste sur l'absence voulue de la qualité de prêtre dans l'attestation de son serment de liberté-égalité.

Fouquier-Tinville relèvera dans son réquisitoire tous ces faits avoués. Les moyens de défense écrits par Vancleemputte établissent que, sans rien abandonner de ses obligations de prêtre réfractaire, il a rempli tous ses devoirs de citoyen. Il n'en sera pas moins un conspirateur « pour avoir attenté à la tranquillité et à la sûreté intérieure de la République, en faisant des rassemblements dans différentes maisons pour y entretenir le fanatisme religieux, en exerçant contre les dispositions des lois toutes les fonctions du culte sans aucune autorisation des autorités constituées, et en provoquant le rétablissement de la Royauté à l'aide d'un petit paquet trouvé *sur lui* et qu'il prétend contenir du sang du dernier tyran des Français ».

Les deux personnes qu'il avait soi-disant *fanatisées*, furent déclarées innocentes. Vancleemputte condamné à mort le 12 nivôse (1er janvier 1794) fut exécuté sur la Place de la Révolution. — Le paquet « supposé contenir du sang de Capet et le signe contre-révolutionnaire » durent être *brûlés au pied de l'échafaud*.

Pendant son transfert au lieu de l'exécution, son recueillement contrastait avec la *gaieté philosophique* des autres condamnés. L'un de ses co-détenus de la Conciergerie, Bimbenet de la Roche, rapporte d'ailleurs quelle édification il avait donnée dans la prison, passant sa dernière nuit à dire son bréviaire, comblé de consolation, comme il l'écrivait lui-même.

Les objets qu'il laissa furent conservés précieusement comme des reliques.

Document : Arch. Nat. : W.-3o6-374. — F7* 2517. — T. 947.

XVII. Dom Courtin
Vicaire général de l'Ordre de Cluny.

XVIII et XIX. Dom Meffre et Dom Adam
du Prieuré de Saint-Martin-des-Champs à Paris.

Au début de la Révolution, à la séance de l'Assemblée Nationale du 26 septembre 1789, une grande émotion fut causée par la lecture d'une lettre écrite par plusieurs religieux du prieuré de Saint-Martin-des-Champs de Paris. D'après leurs calculs la partie des revenus de l'Ordre en France attribuée aux religieux pouvait procurer à chacun d'eux 1.500 livres de rente, et l'Etat recevrait un don patriotique de 900.000 livres représentant les bénéfices attribués aux abbés et prieurs commendataires. La liberté dont ils jouiraient, les religieux s'engageaient à la consacrer à l'éducation de la jeunesse et au ministère des autels.

Dom Courtin, vicaire général de l'Ordre, qui habitait avec le régime le même prieuré, protesta auprès de l'Assemblée contre cette lettre écrite sans son aveu, et contre certaines fausses signatures qu'on y avait ajoutées.

Un certain nombre des moines continua à habiter l'Abbaye. Ils avaient déclaré leur intention de vivre suivant la règle qu'ils avaient choisie au moment de leurs vœux. Parmi eux se trouvaient dom Meffre, maître des novices, et dom Adam, sacristain, dont les signatures précisément avaient été faussement imitées. Ils devaient partager la captivité et la mort de leur supérieur.

Dom Jean-Baptiste Courtin, né à Roanne, diocèse de Lyon, le 24 juin 1715 et baptisé le lendemain, avait fait profession à Cluny le 15 avril 1734. Il avait reçu à Châlons le sous-diaconat le 22 septembre 1736, et le diaconat le 1er mars 1738. — De 1759 à 1762 nous le voyons prieur claustral de Saint-Arnaud de Crépy, en même temps que visiteur de l'Ordre. En 1765 il est prieur claustral de Saint-Denis de la Châtre à Paris ; et en 1784 procureur général.

En 1793 il pouvait affirmer sa résidence à Saint-Martin-des-Champs depuis vingt ans, non compris les voyages nécessaires pour la visite des autres maisons de l'Ordre.

Lorsque, au début de 1792, on voulut le forcer, avec ses moines restés fidèles, de quitter Saint-Martin pour se réunir aux moines de l'Abbaye de Saint-Denis, il refusa de s'unir à des religieux de la Réforme de Saint-Maur différente de la stricte observance de Cluny.

Il put cependant louer pour plusieurs de ses compagnons une partie de la maison conventuelle qu'on voulait leur enlever. Une chapelle qu'on leur laissa, avec les ornements nécessaires, leur permit de continuer leur vie de communauté jusqu'au jour de la persécution directe. Ils avaient d'ailleurs évité toute occasion de donner prise aux dénonciations malveillantes, et accepté de prêter le serment de liberté-égalité ainsi que le serment civique du 3o vendémiaire an II pour l'acceptation de la constitution républicaine.

Dom Joseph-Antoine Meffre, né à Aubignan, diocèse d'Orange, en 1736, avait prononcé ses vœux à l'abbaye de Cluny le 29 octobre 1753. Tonsuré et minoré à Cavaillon le 20 septembre 1755, sous-diacre le 23 septembre 1758, diacre le 23 décembre de la même année à Avignon, prêtre à Châlons le 20 décembre 1760, il était maître-ès-arts depuis le 29 novembre 1766 quand il suivit en Sorbonne de 1766 à 1769 les cours de théologie terminés par le baccalauréat (10 mars 1770). Nous le trouvons remplissant les fonctions du saint ministère dans des paroisses desservies par les religieux de Cluny : vicaire à Saint-Leu-d'Esserent (Beauvais) de 1770 à 1772, puis à Longpont (Paris) jusqu'en 1777, il est prieur de Mouthier (Besançon) de 1777 à 1783.

Il était à Notre-Dame de la Charité-sur-Loire quand, en 1788, il fut appelé à Saint-Martin-des-Champs.

Dom Jacques-Nicolas Adam, né à Paris vers 1767, avait fait profession en 1782. Il remplissait les fonctions de sacristain au moment de son arrestation.

Le 22 nivôse (11 janvier 1794) dom Adam se présentait à la Section des Gravilliers afin de réclamer le certificat de civisme nécessaire pour toucher sa pension de religieux. Le Comité avait eu connaissance de quelques propos prêtés aux moines de Saint-Martin à l'occasion des défaites des armées françaises, principalement en Vendée. Il savait aussi qu'ils conservaient avec un soin particulier la Vierge miraculeuse de la rue aux Ours : ce fut l'occasion de les faire comparaître et d'envoyer perquisitionner chez eux.

Adam livra sans difficultés deux images de la confrérie instituée en l'honneur de cette Vierge assassinée à coups de couteau au xiv° siècle. Mais il supplia qu'on le laissât enterrer la statue. Il ne put empêcher le comité de s'en saisir ainsi que des parchemins contenant des Bulles des Souverains Pontifes et des reliques, restés en la possession des moines : il y en avait « plein hotte tant qu'un homme pouvait porter ». Une partie de la nuit devait se passer à développer « ces saloperies de soi-disant reliques ». Le Comité procéda à l'interrogatoire des trois moines.

Ils affirmèrent qu'ils continuaient la vie de prière et de travail intellectuel qui était le propre de leur Ordre, disant la messe chez eux, le plus souvent sans assistants, et parfois dans l'église de Bonne-Nouvelle ou dans des maisons particulières. Ils n'avaient d'ailleurs pas exercé le ministère de la confession depuis la Révolution.

Les images saisies chez Adam portaient les armes royales. On lui fit un crime de les avoir conservées, malgré sa protestation de n'y attacher aucune importance. Il tenait aux gravures, et encore plus à la statue, à cause de la vénération qu'il avait pour la Sainte Vierge.

Dom Courtin rappelait qu'il avait été député à la Commune de Paris en 1789, et s'était toujours conduit en bon patriote, comme le prouvaient sa conduite et ses serments. S'il a scellé une pièce officielle avec le sceau de l'Abbaye, c'était pour donner un caractère d'authenticité au procès-verbal de l'enlèvement de la statue miraculeuse de l'église du prieuré.

Dom Meffre ignore s'il y a encore un culte rendu à la Vierge ; mais il reconnaît avoir aidé dom Adam à la monter dans sa chambre avec la permission des autorités constituées.

Le Comité était suffisamment édifié pour prendre une décision : « Considérant et vu que les trois ci-devant moines tenaient des rassemblements de ci-devant moines chez eux dans Saint-Martin, et avaient fait et signé un procès verbal en qualité de moines bénédictins de Saint-Martin-des-Champs de Paris et, par organisation de corps, revêtu leur signature du sceau du ci-devant Saint-Martin, au mépris des lois qui défendaient toute corporation de ce genre avant l'époque où ils avaient fait ce procès-verbal, ainsi que ceux qui enveloppaient toutes les reliques ; — et considérant en outre plusieurs renseignements donnés au Comité par écrit qu'ils croyaient à la contrerévolution et en propageaient (l'un d'entre eux nommé Meffre) tous les sentiments ; — *Arrête* qu'ils seront tous trois mis en arrestation comme hommes suspects, et comme tels envoyés à Sainte-Pélagie. »

C'était le 23 nivôse. Le procès-verbal fut reçu le 8 pluviôse au Comité de Sûreté Générale. Décrétés d'accusation le 7 ventôse, les trois religieux sont interrogés au Tribunal Révolutionnaire le 11 du même mois. Le 6 germinal (26 mars), Fouquier-Tinville prononce son réquisitoire : « Il en résulte que l'histoire offre peu d'exemples de fanatisme pareil à celui dont ces ex-religieux paraissent gangrenés... Ils ont conspiré contre la République et la liberté en tenant chez eux des conciliabules et rassemblements de prêtres réfractaires et fanatiques, en y faisant des écrits fanatiques tendants à égarer le peuple par la superstition, et en prenant dans ces écrits, au mépris des lois, la qualité de membres d'une corporation détruite, ce qui est contraire aux lois de la République. »

Le 9 germinal, Dumas, président du Tribunal, relève toutes ces accusations dans la question posée au jury. Celui-ci ne peut nier les manœuvres tendant à égarer et enflammer par le fanatisme royal et religieux des rassemblements avec lesquels on célébrait de prétendus « mistères ». La peine de mort est due à de semblables forfaits.

La famille de Dom Courtin a conservé de lui un souvenir religieux. Le prénom de Jean-Baptiste est porté habituellement en son
honneur par ses petits-neveux. Son chapelet, après avoir été recueilli
par l'un des héritiers, frère de Saint-Jean de Dieu, mort victime de
son dévouement aux aliénés, est considéré comme une relique. Sa
correspondance conservée jusqu'à ce jour montre la sollicitude qu'il
savait témoigner aux siens.

Documents : Arch. Nat. W.-341-634. — F⁷ 4577. — F⁷ 4474-40.
— F7* 2486. — Gq. — 25.

XX. Nicolas-François Ollivier des Pallières,
vicaire général de Montpellier.

Né à Moulins (alors du diocèse d'Autun), le 17 février 1733,
Nicolas-François était fils d'un conseiller du Roi, procureur au
bureau des Finances de la Généralité de Moulins. Il fit ses études
à Paris. Il avait suivi les cours de la Communauté des Philosophes
de Saint-Sulpice lorsqu'il fut reçu maître ès-arts le 21 novembre
1749. Le 23 mars précédent, l'évêque d'Autun lui donnait la tonsure dans la chapelle même du Séminaire. Entré au Grand Séminaire le 18 octobre 1749, il fut appelé successivement aux Ordres
mineurs en juin 1751, et au sous-diaconat en mars 1754. Reçu à
la licence en théologie avant 1762, il est qualifié de prêtre d'Autun.
Il était vicaire général du diocèse d'Avranches, lorsque, en
1766, l'évêque de Montpellier, de Durfort, le nomma vicaire général (26 novembre) puis chancelier de l'Université (13 décembre),
official du diocèse (6 juillet 1767), chanoine et sacristain de la cathédrale (5 mai 1770).
De Malide, successeur de Durfort, continua sa confiance à des
Pallières.
Le dossier du Tribunal révolutionnaire (W. 354-737, 1ʳᵉ et 2ᵉ parties), nous apprendra les circonstances de sa vie pendant la Révolution et de son exécution sanglante.
Le 6 ventôse (24 février 1794), des Pallières est interrogé par
Foucault, l'un des juges du tribunal révolutionnaire. Domicilié à
Paris, 1, rue du Paon, depuis le 15 juillet 1791, il a subi un premier interrogatoire à la Section Marat le 11 pluviôse, et il persiste
dans ses réponses, de même qu'il reconnaît les pièces saisies.
Parti de Montpellier le 25 ou 26 juin, il est passé par Lyon et
est arrivé par la diligence à Paris le 15 juillet. Son inscription à
Montpellier sur la liste des émigrés provient sans doute de ce que
les certificats de résidence qu'il y avait envoyés n'étaient pas
parvenus. — Avant d'être reçu chanoine en 1770, il était grand

vicaire dès 1766, titre qu'il a toujours conservé depuis; et auparavant il avait passé sept ans à la Communauté des Prêtres de Saint-Sulpice.

Le vrai motif de son départ de Montpellier, ce n'était pas la crainte d'être arrêté comme complice d'une émeute attribuée à l'instigation des prêtres, c'était la situation pénible qui était faite aux ecclésiastiques non assermentés, même lorsque, comme lui, ils n'avaient pas été fonctionnaires publics.

Comme preuve de patriotisme, il ne peut indiquer que le paiement de ses contributions à Paris comme à Montpellier. Il attend la levée des scellés placés sur sa maison de Montpellier où on le considérait comme émigré pour pouvoir faire davantage.

Le Comité n'avait pas été satisfait : en attendant de plus amples renseignements de Montpellier, il avait retenu prisonnier des Pallières et l'avait déféré au Tribunal révolutionnaire. Ces renseignements furent une accusation violente du Comité Révolutionnaire de Montpellier contre des Pallières (lettre du 23 pluviôse) : c'était un de ces prêtres qui, dissimulés derrière le rideau, s'occupaient à contrarier la Révolution par leurs conseils et leurs secours. C'est par crainte de la vengeance du peuple qu'il a pris la fuite, pour aller entretenir la contrerévolution dans les Cévennes. « Nous écrivons aujourd'huy, ajoutaient les membres du Comité, pour avoir des renseignements certains... Puissent-ils servir à faire tomber sur l'échafaud la tête de ce scélérat ! »

Leur vœu allait être exaucé. La Section de Marat avait envoyé, le 3 ventôse, le dossier de des Pallières au Tribunal révolutionnaire avec la mention suivante : « Cy-devant chanoine de Montpellier et grand vicaire du cy-devant évêque. — N'a pas prêté le serment de 1790, et a été sur la liste des émigrés s'il n'y est pas encore. — Prévenu d'intelligences avec les ennemis de la République et d'avoir été l'un des auteurs des troubles survenus dans la commune de Montpellier. — —Conciergerie. »

Fouquier-Tinville devait ajouter encore à la mauvaise foi de tous ces dénonciateurs, en donnant comme certains des faits qui n'étaient que supposés. Des Pallières *a refusé* le serment constitutionnel, alors qu'il avait bien spécifié que ce serment ne le concernait pas. — « C'est lui *qui est un des principaux agens des troubles de Montpellier* dont l'objet était de rétablir la tyrannie, le fanatisme et l'orgueil nobiliaire sur les débris de la souveraineté du peuple et de la liberté française. »

La condamnation à mort était assurée. Elle fut prononcée le 9 floréal (28 avril 1794), et exécutée aussitôt.

Documents : W. 354-737.

XXI, XXII, XXIII. Geneviève-Barbe Goyon, *couturière,*

Anne-Catherine Aubert et Angélique Desmarais,
Filles de Saint-Thomas,

A la suite d'une dénonciation du 21 pluviôse (9 février), contre
un Augustin des Petits-Pères, le 11 ventôse an II (1er mars 1794),
vers neuf heures du soir, plusieurs membres des Comités Révolutionnaires de la Section des Sans-Culottes et de la Section de la Cité
de Paris vinrent perquisitionner chez la *citoyenne* Goyon, rue
Neuve-Saint-Etienne (rue Rollin), dénoncée comme donnant asile
à des prêtres réfractaires. On trouva chez elle deux Filles de Saint-
Thomas (religieuses dominicaines) expulsées de leur couvent, et
n'ayant pas prêté le serment de liberté-égalité. Avec les ornements
nécessaires pour la célébration de la messe, les commissaires décou-
vrirent deux boîtes renfermant « des petites hosties dont elles (les
trois personnes) ont portées beaucoup de vénération, et ont laissées
échapper des larmes de leurs yeux lorsque nous touchions lesdites
hosties ». Des reliques furent également saisies, entre autres du
curé de St-Nicolas du Chardonnet « martyr du 3 septembre 1792 ».

Amenées au Comité, les trois personnes furent interrogées avec
plusieurs témoins. — Geneviève Goyon, âgée de 76 ans, née à Paris,
paroisse Saint-Eustache, avoue avoir donné asile aux deux religieuses et à plusieurs prêtres réfractaires, tout en refusant toute indication de nature à les faire découvrir. — Angélique Démarès (son
vrai nom, d'après les Registres de sa Communauté, était Maille),
59 ans, née à Paris, avoue être ancienne religieuse, ayant cessé de
toucher son traitement parce qu'elle n'avait pas prêté serment. —
Anne Catherine Aubert, 39 ans, née à Paris paroisse Saint-Nicolas-
des-Champs, fait des réponses analogues. Sortie du couvent, elle
recevait 700 livres de traitement ; mais elle n'a pas touché d'argent
depuis six mois pour n'avoir pas prêté le serment que sa conscience ne pouvait accepter. — Le Comité arrêta que les trois
citoyennes seraient emprisonnées chez les Anglaises comme « pré-
venues de conspiration et de fanatisme » (16 ventôse, 6 mars).

Le Comité de Sûreté générale avisé les fit enfermer à la Conciergerie le 18 floréal (7 mai) ; et le 22 floréal, après un examen som-
maire, où elles répétèrent, avec la même fermeté, les réponses faites
au Comité, elles furent accusées par Fouquier-Tinville de « conspi-
rer contre la liberté et la sûreté du peuple français en recélant des
ornements d'église et autres instruments de fanatisme et de superstition, en tenant des conciliabules, en donnant asile à des prêtres
réfractaires et autres gens suspects ; en faisant dire la messe par
ces mêmes prêtres, au mépris des lois ». Ce furent les motifs de
leur condamnation à mort par le tribunal Révolutionnaire (22 flo-
réal-11 mai). Elles furent exécutées sur la Place de la Révolution.

(*Documents* : Arch. Nat. : W.-363-789)

Serviteurs de Dieu envoyés de province au Tribunal

Révolutionnaire.

Pour ces serviteurs de Dieu les lois et décrets généraux ne furent pas seuls invoqués. Les arrêtés particuliers des autorités locales et des représentants en mission déterminèrent souvent leur arrestation. Les tribunaux de province, comme le Tribunal Révolutionnaire de Paris, ne se firent pas faute d'ailleurs de leur appliquer des décrets postérieurs à leur arrestation, au mépris de toute justice légale.

XXIV. Jean-Joseph SAUNIER,

Chapelain de l'Hôtel-Dieu de Blois.

Né le 25 octobre 1754 à Lussac-les-Eglises, au diocèse de Limoges, d'une famille pauvre, mais chrétienne, Jean-Joseph donna dès son enfance les marques d'une douce piété jointe au zèle ardent de gagner les âmes à Jésus-Christ. Son père, maçon, l'emmena de bonne heure avec lui dans les campagnes d'hiver en Blésois. Le jeune apprenti trouva le moyen de joindre à ses occupations d'état le dévouement pour ses compagnons qu'il avait révélé dans son pays. Un accident auquel il échappa par miracle le décida à parler de ses secrets désirs au curé de la paroisse où il se trouvait. Dès lors il consacrait ses soirées, après le labeur du jour, à commencer les études de latin.

Vers l'âge de vingt-cinq ans, il entrait au Séminaire de Blois, où la douceur de son caractère le fit aimer de ses maîtres les Eudistes et de ses condisciples. Prêtre en 1783, il est vicaire à Saint-Marc-du-Cor, paroisse du Perche au diocèse de Blois ; nous trouvons sa signature comme « prêtre desservant de l'Hôtel-Dieu » 29 et 30 décembre 1783. Les actes de 1784 et 1785 jusqu'au 31 août portent la même indication. Il devint ensuite vicaire de Saint-Léonard en Beauce.

Du 23 décembre 1789 au 4 mai 1790, il est vicaire intérimaire à Saint-Solenne de Blois (la Cathédrale) durant la maladie du vicaire ; il signe « Saunier, vicaire de Saint-Solenne ».

Il est vicaire de Ruan, paroisse du Perche, durant deux mois.

Le 16 juin, il reparaît sur les actes de l'Hôtel-Dieu où il signe « Saunier desservant » jusqu'en avril 1791, époque à laquelle Grégoire, évêque de Loir-et-Cher, lui donne un remplaçant.

Saunier n'a prêté aucun serment. L'Etat du diocèse dressé en 1795, et existant aux Archives de l'Evêché, le qualifie « insermenté ». Un second Etat daté de 1802 fait de même. Tous les actes du Procès criminel font foi du même fait.

Il vit l'intrus Grégoire à son arrivée et lui témoigna son opposition en lui demandant de qui il tenait ses pouvoirs. (*Manuscrit de Mme Roger, supérieure de l'Hôtel-Dieu.*)

En avril 1791, il disparaît de Blois et se réfugie en Touraine (ayant été expulsé avec son évêque, M. de Thémines, comme perturbateur du repos public). Il y reste jusqu'à la fin de mai.

Du mois de Juin au 14 août, il rentre secrètement à l'Hôtel-Dieu, et y exerce dans le plus grand secret le ministère près des malades avec le concours ingénieux des sœurs.

Le 14 août, les religieuses ayant obtenu d'avoir un prêtre de leur choix pour les diriger, et leur dire la messe dans leur intérieur, sans autre ministère dans la maison, Saunier reparaît *ostensiblement* et reste au poste jusqu'en août 1792. Le 2 de ce même mois, il demande un passeport pour Orléans. Mais il n'en use point et se tient caché de nouveau à l'Hôtel-Dieu jusqu'au 3 mai 1793.

Le *3 mai*, une descente de police surprend Saunier caché en la maison, malade depuis quelque temps et administré par un vicaire général de Tours en une crise de fièvre qui met sa vie en péril. Le Comité de salut public du département (ou Comité Central), qui lui en veut à mort, le constitue prisonnier là avec un corps de garde et le fait transporter le 18 à la prison criminelle, encore brisé par la maladie.

La Sœur Roger, supérieure de l'Hospice, est également envoyée en prison, comme complice et recéleuse.

Dans l'interrogatoire du 16 juillet devant le Comité de Salut Public du Loir-et-Cher, Saunier reconnaît qu'il était desservant ou aumônier de l'Hôtel-Dieu de Blois au moment de la loi du serment ecclésiastique. Il a quitté ses fonctions en avril 1791, puis il les a reprises, pour les Religieuses seulement, au mois d'août de la même année jusqu'au 15 août 1792.

— Parti pour Orléans avec un passeport de Blois, il n'a pu obéir à la loi de déportation parce qu'il était presque toujours malade ; il est revenu d'Orléans à pied et sans passeport.

La Sœur Roger raconte que cette feinte de Saunier, pour éviter de compromettre les Religieuses qui l'avaient caché, inquiéta le serviteur de Dieu jusqu'au moment de sa condamnation. Les paroles qu'il prononça alors montrent que la paix s'était faite dans son âme.

Le 26 juillet, le Comité de Sûreté Générale du Loir-et-Cher décida, en vertu des lois invoquées par Fouquier-Tinville, l'envoi des deux accusés au Tribunal Révolutionnaire de Paris.

Le voyage se fit avec les plus vives angoisses. Les conversations de l'escorte donnaient aux prisonniers l'idée qu'ils allaient être assassinés en chemin. Ils purent se soutenir mutuellement jusqu'à la Conciergerie.

En attendant l'interrogatoire et le jugement, Saunier ne pouvait oublier le *zèle des âmes qui l'avait exposé à la mort.* Ses nombreux co-détenus en éprouvèrent les effets; et il reçut la confession de beaucoup d'entre eux.

Les pièces justificatives demandées à Blois ne devaient pas détruire l'effet des lettres du Comité révolutionnaire de cette ville qui ne cessa de hâter la punition des deux victimes. Le mensonge était une arme facilement acceptée. C'est sous le titre de vicaire de Saint-Solenne de Blois que Saunier avait été considéré comme fonctionnaire public ayant refusé le serment constitutionnel. Or il n'était plus dans cette fonction au moment de la prestation de ce serment.

C'est seulement en avril 1791 que son titre de chapelain de l'Hôtel-Dieu aurait pu lui faire demander de se prononcer pour la Constitution civile ; et c'est à cette époque qu'il est expulsé de Blois.

D'ailleurs le Directoire du Département lui avait refusé, au 13 avril 1791, cette qualification de vicaire de Saint-Solenne où il n'avait été que suppléant temporaire.

Pendant son séjour à la Conciergerie, Saunier, sans doute éclairé sur la vraie portée de la législation par son avocat-conseil, essaie d'établir qu'il n'avait en réalité pas été soumis au serment de 1790, puisqu'il n'était pas vraiment fonctionnaire public à cette époque. Il est d'ailleurs à remarquer qu'il avait pris son passeport à la Municipalité de Blois, non seulement avant la promulgation du décret du 26 août sur la déportation, mais même avant l'arrêté par lequel le Conseil Général du Loir-et-Cher, devançant l'Assemblée Nationale, prétendait appliquer (16 août) la loi du 27 mai à laquelle Louis XVI avait opposé son *veto*. Toutes les tentatives de justification de Saunier furent repoussées par les autorités de Blois. Un motif décisif d'ailleurs devait leur donner raison. « Le supplice du prêtre et la peine infligée à la *none* diminueront à Blois le fanatisme qui y a grand nombre de partisans ; l'impunité lui donnerait une force nouvelle. D'un autre côté la ville de Blois n'est pas éloignée de la Vendée, et si les coupables étaient mis en liberté, il y aurait à craindre des mouvements contre-révolutionnaires. »

Ces raisons déterminèrent Fouquier-Tinville ; le 3 octobre 1793 il donnait son réquisitoire et le terminait en ces termes :

« L'accusateur public a dressé la présente accusation contre Jean-Joseph Saunier et Marie Félicité Roger, pour avoir méchamment et à dessein, sçavoir : ledit Saunier, au mépris de la loi du 26 août 1792, qui lui enjoignait de sortir sous huitaine du territoire de la R. P. en sa qualité de Prêtre réfractaire, resté dans le dit territoire où il s'est tenu caché dans plusieurs endroits et notamment dans l'Hôpital de Blois, où il a même exercé les fonctions qui lui étaient interdites par la loi. Et la ditte Roger... pour l'avoir recélé. »

Après la réponse affirmative du jury sur la culpabilité des prévenus, le Tribunal, en vertu des lois du 26 août 1792 sur la déportation, et du 18 mars 1793 qui ordonne de punir de mort dans les vingt-quatre heures les prêtres sujets à la déportation, condamne à mort Saunier ; la sœur Roger subira six ans de détention après avoir été exposée pendant six heures sur la place de la Révolution à un poteau avec une inscription relatant les causes de sa condamnation (8 brumaire — 29 octobre).

La Sœur Roger reconte qu'au moment où le jugement venait d'être prononcé, Saunier se retourna vers elle et lui dit : « Soyez tranquille, ma bonne mère, je ne meurs que parce que je suis prêtre, je meurs content. » Puis il se lève, salue les juges et leur dit à haute voix : « Deo Gratias ! »

Le lendemain, 30 octobre, sous les yeux de la religieuse attachée depuis six heures au *tabouret d'honneur* en face de la guillotine, il consomme son sacrifice après lui avoir lancé *d'un air riant* ce dernier mot : « A Dieu jusqu'à l'éternité ! »

Bimbinet de la Roche, compagnon de Ploquin à Orléans et à la Conciergerie, rapporte avec quelle édification on continua à parler dans la prison de la *mort sainte* de Saunier et du courage héroïque de la supérieure de Blois. — « Ces exemples-là, écrivait-il, consolent et fortifient ceux qui espèrent mourir de la même manière ! »

Il existe encore à Lussac des membres de la famille de Saunier, et ils le considèrent comme un saint martyr. — Les actes officiels de l'Evêché de Blois lui donnent le même qualificatif : *prêtre insermenté martyrisé à Paris*. Plusieurs ecclésiastiques du diocèse ont pour lui une vénération très ancienne.

Documents : Récit de la Sœur Roger. — Archives Départementales de Blois. Série L. — Archives Communales de Blois. — Archives Nationales, W. 292.

XXV. Julien-François Derville

Jésuite.

Julien-François Dervillé naquit à Château-du-Loir au diocèse du Mans le 29 décembre 1725.

Entré au Noviciat de la Compagnie de Jésus le 3 septembre 1744, il partagea le bannissement de ses confrères hors du territoire français. Lorsqu'il lui fut possible de rentrer, il exerça le saint ministère dans différents diocèses, sans être cependant ni curé ni vicaire. Il n'était donc pas soumis au serment de 1790. Il fut arrêté à Orléans le 26 novembre 1793, au moment où, à la faveur d'un déguisement, il venait « de rendre service ». C'est l'expression qu'il emploie lui-même dans ses réponses au premier interrogatoire qu'il subit quelques jours après (29 novembre). Sa préoccupation fut de ne rien indiquer qui pût compromettre les fidèles avec qui il se trouvait en rapport.

Dans un second interrogatoire, les recherches de la police rendaient inutiles ces restrictions : « Je suis, déclare-t-il, prêtre de l'Eglise catholique, apostolique et romaine ». Il a été jésuite. — Depuis son retour il a exercé le ministère « avec les pouvoirs d'un grand vicaire *légitime* ». Il n'avait pas à se soumettre aux lois dans les points qui contrarient la religion catholique. — Il n'a pas prêté le serment, parce qu'il était contraire à la religion catholique, apostolique et romaine. — Il n'a pas non plus voulu jurer de maintenir la liberté et l'égalité, parce qu'il *croyait* ce serment contraire à la religion. — Son travestissement n'était pas défendu par la religion, puisqu'il avait un but honnête. — Il n'a d'ailleurs jamais cherché à fanatiser le peuple, ni prononcé aucune parole injurieuse contre les jureurs.

On a trouvé sur lui des objets religieux ; il ne croit pas devoir en indiquer la provenance ; mais il reconnaît sans peine qu'il portait « de petites boîtes contenant des pains *enchantés*.

Deux lettres écrites par lui sont également incriminées ; l'une adressée à une nièce pour la mettre en garde contre les insinuations du curé jureur de sa paroisse, l'autre à un prêtre assermenté pour l'engager à rétracter son serment.

Envoyé au Tribunal Révolutionnaire de Paris avec sa *recéleuse*, Marie Poullin, et une vieille domestique de celle-ci, il est facilement convaincu par Fouquier-Tinville. Cet ex-jésuite, ce fanatique conspirateur prétend avoir le droit d'exister dans le gouvernement sans en reconnaître les lois et y obéir. — Il abuse de la crédulité des citoyens qu'il arme, au nom du Ciel, de poignards et de torches contre la patrie. Il brave, il insulte et outrage la souveraineté nationale. — Il n'a conséquemment pas prêté le serment de liberté et d'égalité. Il n'a cessé d'exercer les fonctions sacerdotales en vertu des pouvoirs d'un grand vicaire réfractaire qu'il appelle légitime. — Les nombreux hochets de la superstition dont il était entouré, croix, médailles, chapelets, prétendus sacrés cœurs de Jésus et de Marie... prouvent qu'il vivait en rébellion constante contre les autorités et les lois les plus sacrées et les plus légitimes. — Il recevait et propageait les brefs du pape. — Dans ses lettres il développait le système ultra-montain et tout ce système de fanatisme employé par Rome et ses suppôts pour allumer la guerre civile dans tout l'empire français.

Après un tel réquisitoire, sans aucune interrogation, la peine de mort s'imposait. Il fut exécuté le 22 décembre 1793, moins d'un mois après son arrestation.

Un de ses co-détenus à la Conciergerie, Bimbenet de la Roche, qui devait lui aussi subir bientôt le dernier supplice, a raconté dans une lettre à un de ses frères comment Dervillé est allé à la mort — avec une joie chrétienne et une sainte jubilation. Il gardait la montre du *martyr* comme une relique et demandait à son futur légataire de la conserver à ce titre après en avoir versé le prix aux pauvres.

Documents : Arch. Nat. W. 3o3-445.

XXVI. Jacques-Martin PLOQUIN

Econome du Petit-Séminaire de Saint-Sulpice.

Né le 2 février 1766 à la Daguenière (diocèse d'Angers), Jacques-Martin Ploquin entra au grand Séminaire d'Angers le 11 novembre 1783. A Paris, où il était venu pour entrer dans la Compagnie de Saint-Sulpice, il fut nommé économe du Petit Séminaire le 10 octobre 1788. Le 1er mai 1790, il fut remplacé par M. Bergeron, puis reprit ses fonctions le 8 août 1790. Retiré à Orléans en septembre 1792, il exerça en secret le saint Ministère.

Dans la nuit du 11 au 12 septembre 1793, il fut arrêté chez les demoiselles Barberon, avec un jeune homme nommé Bimbenet de la Roche, à qui il donnait des leçons.

L'interrogatoire qu'il subit, ainsi que son compagnon et leurs hôtesses, amena leur envoi au Tribunal Révolutionnaire de Paris. Devant ce nouveau Tribunal, Ploquin ne nia aucun des griefs personnels qu'on lui avait reprochés à Orléans. Non seulement il n'avait pas prêté le serment de la Constitution civile du Clergé, mais il considérait le serment de liberté-égalité comme contraire à sa conscience ; et sans porter à le refuser ceux qui le consultaient, il leur manifestait son opinion. — Il avait dit la messe chez les demoiselles Barberon, même en présence de personnes étrangères à la maison. — S'il ne s'était pas déporté, c'est parce qu'il craignait de mourir en route comme beaucoup de ses confrères. — Sa correspondance s'adressait généralement à des séminaristes ; mais il avait en effet envoyé des consultations théologiques à « Nosseigneurs les Evêques français réfugiés en Suisse ». Il niait toute participation à la rentrée en France de Bimbenet qui avait fait partie de l'armée des Princes.

Quant aux lettres ou autres écrits dans lesquels on voyait une opposition au gouvernement de la République, il se croyait le droit de faire des confidences à des particuliers sans troubler en rien l'ordre public.

De ces aveux Fouquier-Tinville ne manqua pas de tirer la preuve que Ploquin était l'ennemi du peuple français. Refus même du serment de liberté-égalité, correspondances et intelligences avec les ennemis de l'extérieur et les brigands de la Vendée, « écrits incendiaires à l'effet de provoquer la guerre civile par le fanatisme ». — Le séjour dans la même chambre avec le contre-révolutionnaire Laroche suffisait d'ailleurs à établir leur conformité de principes.

La condamnation à mort fut prononcée pour lui et ses trois co-accusés et exécutée le 7 ventôse (25 février 1794).

Documents : Arch. Nat. W. 329-548.

XXVII. Nicolas Dieudonné

Ancien principal du Collège de Saint-Dizier.

Né et baptisé à Tailly (Ardennes), le 30 octobre 1742, Nicolas Dieudonné était l'aîné d'une famille de dix enfants.

Entré au Grand Séminaire de Reims en octobre 1763, il suivit le cours de philosophie terminé par le grade de maître ès-arts *summa cum laude.*

Tonsuré le 17 juin 1764, il reçut les ordres de 1765 à 1769 pendant ses études de théologie. Nommé comme gradué aux deux bénéfices simples de Notre-Dame de Chérimaiot et de Sainte-Catherine de Bancigny au diocèse de Laon, en 1768, il remplit les fonctions de vicaire-choriste de Saint-Jacques de Reims en 1770 et 1771. Il passe ensuite une dizaine d'années au collège de Saint-Dizier comme professeur, puis principal.

En 1781 il est précepteur chez M. Gillet, lieutenant-général au

bailliage de Saint-Dizier. Déjà il fréquentait la paroisse de Bettan-
court-la-Ferrée, voisine de la ville. Il s'y fixa au début de la Révolution.

Sans fonction publique, il ne fut pas inquiété pour le serment
constitutionnel. Mais l'influence qu'il avait sur les habitants semble
bien indiquer qu'il ne refusait pas en secret les secours de son
ministère.

A la suite de dénonciations produites contre lui le 1er novembre 1793, les 21 et 25 décembre, il fut accusé devant les Comités
de Bettancourt, et ensuite de Saint-Dizier, de propos antipatriotiques
puis de correspondances avec des déportés et autres prêtres réfractaires. On ajoutait qu'il avait cherché et cherchait encore à fanatiser
le peuple.

Son arrestation fut décidée. La gendarmerie, informée que
Dieudonné « ci-devant prêtre et curé de la ville » s'était retiré dans
sa famille, avertit le brigadier de Stenay. Il fut arrêté à Tailly le
3 janvier 1794, et après deux jours de détention à Stenay, il fut
dirigé sur Saint-Dizier puis, le 13, sur Chaumont, chef-lieu du
département.

Le tribunal criminel de la Haute-Marne ne retint que deux des
motifs invoqués contre le prisonnier : papiers et discours tendant à
soulever le peuple en faveur des tyrans coalisés ; et correspondance
avec un prêtre réfractaire et contre-révolutionnaire : griefs dont
la connaissance était du ressort du Tribunal Révolutionnaire.

Le prévenu partit le 19 février pour Paris et fut écroué à la
Conciergerie.

Interrogé le 12 mars, il répondit qu'il n'avait eu aucune fonction publique depuis la Révolution. Il reconnaît qu'il a connu un
ecclésiastique, frère d'une lingère de l'hôpital de Saint-Dizier,
nommé Roussel. Il n'a d'ailleurs correspondu qu'une fois avec lui,
pour l'engager à venir traiter lui-même avec le maire la question
de son serment et d'un passeport à obtenir, sans qu'il ait été question d'autre chose dans cette lettre.

Quant aux propos qu'on lui imputait à Bettancourt au moment
de l'arrivée des ennemis, il affirmait qu'il n'avait eu d'autre objet
en vue que de donner des conseils de prudence à une population
qui avait en lui une entière confiance.

L'accusateur public n'en retint pas moins tous ces griefs et
demanda la condamnation de Dieudonné, *prêtre-réfractaire*, pour
ses propos et ses correspondances antirévolutionnaires et antipatriotiques.

Il fut condamné à mort le 28 nivôse (18 mars) et exécuté sur la
Place de la Révolution (de la Concorde).

Documents : Arch. Nat. W. 338-610. — Notices sur Dieudonné
par L. Paulot (1910), et A. Bresson (1914).

XXVIII. Louis-Claude Lhermite de Champbertrand,

Doyen du Chapitre et vicaire général de Sens.

Né à Sens, le 27 mai 1734, Louis-Claude Lhermite de Champbertrand était le fils de Jérôme Mile Lhermite, écuyer, seigneur de Champbertrand et de Richebourg, lieutenant général de police en la ville et banlieue de Sens, président et lieutenant général au bailliage et siège présidial de Sens, et d'Elisabeth-Louise Livoire. Il fut reçu chanoine de Sens le 5 mai 1752.

Le 6 novembre de cette année, il demande l'autorisation d'interrompre *son stage de rigueur* pour aller étudier à Paris. Le 21 août 1751, il y avait déjà passé l'examen de maître ès-arts. Minoré à la capitale, il est diacre en 1756, et le Chapitre de Sens l'invite le 20 septembre à occuper désormais une stalle haute. Doyen du Chapitre en 1778, il remplit les fonctions de vicaire général et d'archidiacre jusqu'à la Révolution. C'est lui qui fut chargé de prendre possession du siège archiépiscopal par le cardinal Loménie de Brienne, le 9 avril 1788. Il était également abbé commendataire de Notre-Dame des Roches et prieur de la Madeleine de Ségrais.

Au moment de la suppression des Chapitres, le 23 janvier 1790, il fit, au nom des chanoines, une ferme et courageuse protestation qui, les 7 et 8 messidor an II, devait les faire accuser de suspicion.

Le triste scandale donné par son archevêque amena sa retraite et celle de ses confrères comme vicaires généraux. Loménie de Brienne essaya de reconstituer son Eglise avec des prêtres assermentés comme lui ; les fidèles de l'Eglise romaine surent bientôt que les véritables administrateurs du diocèse au nom du Souverain-Pontife, c'était l'abbé de Champbertrand et ses collègues réfractaires.

Ils purent d'abord demeurer presque tous à leur poste sans être inquiétés. L'*évêque* constitutionnel semblait même user de son influence pour éviter à son ancien clergé les persécutions si fréquentes alors. Ses efforts et ceux des autorités constituées ne purent cependant empêcher l'incarcération de tous les prêtres non-assermentés à Sens (avril-mai 1793). Les instances de la population obtinrent bientôt un arrêté du Département rendant ces ecclésiastiques à la liberté, sauf trois exceptions : les anciens vicaires généraux étaient maintenus en prison. L'influence qu'ils avaient sur le clergé et le peuple fidèle paraît bien être la raison de ce maintien.

Leur chef, de Champbertrand, allait bientôt être appelé à consommer son sacrifice. Sans motif prouvé, il fut envoyé au tribunal révolutionnaire de Paris, avec le coadjuteur et cousin de l'évêque renégat, — qui n'échappa lui-même à ce sort que par sa mort

subite, — et plusieurs autres nobles accusés de correspondance avec
les émigrés.

Le 17 floréal, de Champbertrand subit un interrogatoire devant
les terribles juges. Il affirme « qu'il n'a jamais conspiré contre la
République, et n'a jamais eu de correspondances ni d'intelligences
avec ses ennemis, pas même avec son beau-frère (Rossel), émigré. »
Et, de fait, une perquisition opérée en sa présence, à Sens, les
23 et 24 germinal, n'avait fait découvrir *aucun papier suspect ni
contrerévolutionnaire.*

Fouquier-Tinville s'obstina cependant à retenir le motif de
correspondance avec les émigrés pour toute la famille Rossel et
Champbertrand. Il désigne l'abbé uniquement par son titre de
prêtre. A l'appel nominal on lui donne d'ailleurs les qualifications
de chanoine et ancien vicaire général, et ex-noble.

L'influence de Mme Elisabeth, sœur de Louis XVI, condamnée
et exécutée le même jour, permit à l'abbé de Champbertrand
d'exercer un ministère facile auprès de ses compatriotes malheureux. Le coadjuteur lui-même put lui faire sa confession et obtenir
l'absolution de toutes ses fautes et de toutes les censures encourues.
Tous eurent l'avantage de recevoir de ses mains une dernière béné-
diction au pied de l'échafaud ; il avait obtenu de n'être exécuté
que l'avant-dernier, laissant le suprême honneur de la dernière
expiation à la noble et si chrétienne fille de saint Louis (21 floréal-
10 mai 1794).

Le souvenir de l'abbé de Champbertrand et de son rôle auprès
de ses compagnons de supplice a été religieusement conservé dans
la famille de Brienne. Les Carmélites de Sens, dont il était le
directeur, le protecteur et le père, disaient que « c'était son dévouement et son affection pour elles qui l'avaient fait résister aux pres-
santes sollicitations de fuir la persécution dont il devint la victime
et qui lui procura la *couronne du martyre.* »

Documents recueillis et publiés dans la brochure sur *Loménie
de Brienne* par Joseph Perrin (Sens, 1896). — Archives départementales de l'Yonne. Série L. Registres capitulaires et insinuations
de Sens. — Arch. Nat. W. 33.

XXIX. Louis Pacot,

Dominicain Belge.

Louis Pacot, baptisé sous les noms de Jean-François-Ignace-
Joseph, le 22 mars 1760, à Couvin, diocèse de Liège, entra dans
l'Ordre des Frères Prêcheurs (Dominicains) et fit ses vœux en 1781
dans le couvent de Revin. Au moment de la loi sur la suppression
des vœux monastiques (1790), il resta fidèle aux principes catholiques, comme le prouve une lettre adressée à son Supérieur
général à Rome. Il reçut de l'évêque de Liège, sur la
présentation de son ancien supérieur de Lille, des pouvoirs pour
exercer les fonctions du saint ministère. Il était vicaire de Gimnée,
district de Couvin, lorsqu'il fut arrêté par ordre du Comité de
Surveillance de Givet (Ardennes), et jugé coupable « d'après les
maximes fanatiques reconnues dans les papiers trouvés chez lui »
(18 brumaire, an II). Il fut envoyé au Tribunal Révolutionnaire de
Paris. Les pièces saisies et incriminées furent expédiées à ce même
tribunal le 21 brumaire (11 novembre).

Pacot subit devant le Tribunal Révolutionnaire un interrogatoire le 12 frimaire (2 décembre). Il reconnait n'avoir tenu ses pouvoirs que de l'évêque non-constitutionnel de Liège, n'avoir pas
prêté les serments, qui d'ailleurs ne lui ont point été demandés. —
Il refuse d'admettre que l'évêque de Liège soit un ennemi de la
France. — Il a cessé de porter l'habit de son ordre depuis le commencement de 1791, et son ancien provincial a fini par l'y autoriser.
Les lettres de ce supérieur n'avaient pour lui que la valeur de
conseils.

Quant aux expressions incriminées dans les lettres qu'il avait
reçues de lui, il ne fallait y voir que des formules pour éluder sa
ci-devant dénomination de supérieur.

Des trois sermons composés par lui-même, il ne se rappelle
avoir prêché que le premier, un an auparavant à Gimnée. Ce sermon, composé en 1789, sous l'ancien régime, ne pouvait évidemment pas être conforme au nouveau régime.

Le 18 floréal (7 mai), Fouquier-Tinville requit contre Pacot, et
plusieurs autres prisonniers, la peine de mort. Il reprend toutes
les accusations du Comité de Givet. Pacot est un rebelle : 1° parce
qu'il n'a prêté aucun serment ; 2° parce qu'il a affecté de rester,
malgré la suppression des ordres religieux, sous l'obédience d'un
supérieur étranger ; 3° parce qu'il avait reconnu pour évêque le
prétendu prince de Liège, cet infâme ennemi de la France et de
la liberté des peuples, et qu'il avait reçu de lui des pouvoirs pour
exercer sur le territoire français des fonctions sacerdotales.

Dans la séance du 29 floréal (18 mai) le jury ayant répondu
affirmativement à cette question (N° 5) : « Louis Pacot, ex-moine,

est-il complice de ces conspirateurs? » (contre la liberté, la sûreté,
la souveraineté du peuple), — l'accusé fut condamné à mort, et
exécuté.

Document : Arch. Nat. W.-367.

XXX. Bonaventure FEREY,

Chapelain de la Cathédrale de Coutances
puis Curé constitutionnel rétractaire de Saint-Denis-sur-Sarthon.

Bonaventure Ferey nous a donné lui-même son *curriculum
vitæ* dans la lettre de rétractation qui lui valut les palmes du martyre : « Originaire de Gray, en Franche-Comté, diocèse de Besançon,
incorporé dans le diocèse de Coutances, prêtre, chapelain de l'église
cathédrale de Coutances, maître ès-arts en l'Université de Paris,
bachelier ès-loix... Reconnais avoir encouru toutes les peines de
l'Eglise... en entrant sous le titre fallacieux de curé constitutionnel
dans la paroisse de Saint-Denis-sur-Sarthon, dans le diocèse de
Séez, où je suis resté 2 ans et 2 mois sans avoir reçu aucune mission ni institution canonique de Mgr d'Argentré, évêque de ce
diocèse, qui en est le seul et vrai supérieur ecclésiastique ».

Il était né à Gray et y avait été baptisé en l'église Notre-Dame
le 14 janvier 1764. Son père Claude-François était capitaine au
régiment des grenadiers royaux d'Aunis. Les déplacements de ce
régiment l'amenèrent dans les provinces de l'Ouest, fait qui peut
expliquer l'incorporation de Bonaventure au diocèse de Coutances.
La collation qui lui fut faite le 29 octobre 1788 de la Chapelle des
Apôtres de la cathédrale, lui donne les titres suivants : *diœcesis
Bisuntinensis, huic diœcesi incorporato, subdiacono.* Cette pièce
est signée *de Mons,* vicaire général, lui aussi l'un des futurs martyrs
du Tribunal Révolutionnaire.

Jeune prêtre, Ferey subit, de par la loi, la perte de son bénéfice.
En 1791 il résidait au Mans, lorsque le 15 juin, il se présenta à
l'élection pour la cure de Saint-Denis-sur-Sarthon. Elu à l'unani-
mité dans l'église Notre-Dame d'Alençon, il prêta le serment constitutionnel et entra en fonction. Le curé légitime, l'abbé Coulombet,
ne se résigna pas à abandonner ses ouailles. Peut-être son influence
fut-elle une des causes du retour du rival schismatique. Le passage
suivant de la lettre de rétractation indique bien le travail qui se produisait dans l'âme de Ferey : « Déclare que je ne suis qu'un simple
prêtre, non fonctionnaire public, et que le citoyen qui m'a arrêté
en la paroisse de Saint-Denis-sur-Sarthon n'a fait qu'exécuter *la
volonté que j'avais depuis longtemps* de me rendre, moi-même, en

une des maisons de détention assignées à MM. les ecclésiastiques non assermentés, mes confrères ».

Le 14 août 1793, bien exactement 2 ans et 2 mois après son élection, le curé constitutionnel de Saint-Denis-sur-Sarthon était dénoncé par le maire et les officiers municipaux de cette paroisse « pour cause de discours incivique et incendiaire à l'occasion de l'acceptation de l'acte constitutionnel, notamment d'avoir dit que si l'assemblée primaire tenait dans l'église, on allait faire d'une maison de prière une caverne de voleurs ». — En vain Ferey détruisit-il une partie de la dénonciation portée contre lui. Il restait des soupçons sur sa conduite : son existence au milieu de la société pouvait être nuisible. Le tribunal criminel de l'Orne, tout en l'acquittant des faits portés contre lui, ordonna, le 28 septembre, qu'il resterait « en état d'arrestation jusqu'à la paix, comme homme suspect, conformément à l'article 10 de la loi du 17 de ce mois ».

Prisonnier à Sainte-Claire d'Alençon, Ferey fut, en octobre, transféré à Chartres, puis, en novembre, à Rambouillet.

C'est de ce dernier lieu de détention qu'il écrivit aux administrateurs du district de Dourdan (Seine-et-Oise) la lettre que nous avons citée. Elle se terminait par cette phrase : « Je proteste enfin sur mon honneur que je reste fidèle au Roy et à la famille royale ».

Cette lettre du 12 mai 1794 fut envoyée aux destinataires le 25 floréal (14 mai), par le comité de surveillance de Rambouillet, que se chargea de la recommander fortement, après avoir transféré de la prison de détention en celle d'arrêt « ce monstre infernal ». Le citoyen Caumartin, concierge, lui reprochait en effet les propos les plus révoltants : « S'il était en son pouvoir depuis la révolution de faire une contre-révolution au prix du sang de tous les patriotes, il aurait été au comble de la joie, aurait-il dû périr à la tête des contre-révolutionnaires. Il était prêt à verser son sang pour la Religion et pour le Roi et sa famille... »

Le 27 floréal, le district de Dourdan envoie sans délai le détenu au Tribunal Révolutionnaire de Paris. Le cas du suspect relevait évidemment de ce tribunal suprême. L'interrogatoire très court qu'il y subit indique que la cause était entendue d'avance : Il ne se rappelle pas avoir tenu les propos qu'on lui prête. Il reconnaît la lettre du 12 mai pour être écrite et signée de lui..

Le 13 prairial (1er juin) l'accusateur public n'a pas de peine à corser son réquisitoire contre ce « contre-révolutionnaire animé par toutes les fureurs du despotisme et du fanatisme... *Non seulement* il s'est déclaré prêt à faire une contre-révolution au péril de sa vie... *mais ce fanatique*, qui avait prêté le serment dit constitutionnel, l'a rétracté par un acte écrit de sa main ; c'est un véritable manifeste de contre-révolutionnaire ».

Le lendemain, le jury est affirmatif sur les questions qui lui

sont posées ; et Ferey est condamné à être exécuté dans les 24 heures
sur la place de la Révolution (*Place de la Concorde* actuelle).

Documents : Archives de l'Orne et du Palais de Justice d'Alençon. — Archives Nationales : W-378-863.

XXXI François-Georges Cormaux,

Recteur de Plaintel.

Fils de noble homme Bertrand Cormaux sieur des Noës, notaire
royal et apostolique, procureur au siège de Lamballe, et de demoiselle Périne-Françoise Fournier, François-Georges Cormaux naquit
à Lamballe (Saint-Brieuc), le 10 novembre 1746, et fut baptisé le
même jour en l'église paroissiale de Saint-Jean. Dès son enfance sa
mère le consacra à la Sainte Vierge.

Après avoir fait ses premières études au collège de Saint-Brieuc,
et reçu la tonsure, ses parents l'envoyèrent à Paris pour suivre les
cours de philosophie et de théologie. La vue des désordres trop com-
muns parmi les étudiants de la capitale le frappa de malaise : il
demanda à revenir dans son diocèse. Il y reçut le sous-diaconat après
la constitution de son titre clérical du 11 octobre 1768. Le 9 juin
1770, il est diacre avec dimissoire à Tréguier. Devenu prêtre, il est
nommé vicaire à Meslin ; il y devait rester de 1770 à 1778.

Il aurait désiré entrer dans la Compagnie de Saint-Sulpice. Ses
supérieurs l'obligèrent à concourir pour les cures de Plaintel et de
Pluduno (22 avril 1779). Sa capacité le fit choisir par son évêque
pour la première de ces paroisses. Plaintel comptait plus de 6.000
âmes. Aidé de son vicaire, Cormaux travailla à leur sanctification
avec le zèle le plus apostolique. Il sut joindre au soin de ses ouailles
de nombreuses prédications dans les environs, et devint même directeur des retraites de Moncontour.

La célébrité qu'il avait acquise par ces multiples travaux explique le rôle qu'il fut appelé à jouer au début de la Révolution. Choisi
comme électeur, il prêcha à la cathédrale de Saint-Brieuc, le
9 juin 1790, à l'occasion de l'élection de l'Administration départementale. Quelques jours après il était lui-même élu président de
l'Assemblée électorale du district de Saint-Brieuc, membre du Conseil général de ce district, et enfin président de ce même conseil. La
sagesse et la charité étaient les deux vertus qu'il recommandait à
ses collègues comme il s'efforçait de les pratiquer lui-même dans
son administration.

Bientôt il dut reconnaître l'impossibilité de suivre ce programme
avec les prétentions de la majorité des élus des assemblées françaises.

Le 15 septembre, une discussion au sujet de la vente des biens nationaux l'engagea à donner sa démission de président et d'administrateur. Les instances dont il fut l'objet ne purent le faire revenir sur sa décision. Les motifs, il les indique nettement dans un discours qu'il crut, à bon droit, devoir plus tard livrer à la publicité : La répugnance pour les affaires civiles et politiques n'avait pu être surmontée dans son âme que par l'espérance d'être utile à ses paroissiens. Le serment civique qui lui avait été demandé, il ne l'avait prêté qu'en tout « ce qui ne serait pas contraire au Saint Evangile, « à la gloire de Dieu, au salut des âmes et au seul culte de l'Eglise « catholique, apostolique et romaine ».

Depuis ce serment, il a paru une Constitution « trop destructive « de la Religion pour que jamais il veuille l'adopter ». Puisque, d'autre part, l'Assemblée Nationale veut rendre les Districts exécuteurs de ses Décrets pour la vente des biens d'Eglise, « il ne peut « dissimuler qu'il aperçoit dans l'usurpation de ces biens un « crime, un sacrilège », tombant sous le coup de l'excommunication portée par le Concile de Trente. — Enfin la suppression des chapitres chargés de chanter, depuis tant de siècles, les louanges divines, ne peut se concilier dans son âme avec les promesses et les espérances qu'elle concevait au moment de son élection.

Une lettre explicative, datée de Plaintel le 27 octobre, fut imprimée à la suite de ce discours.

Bientôt les vrais pasteurs étaient mis en demeure de prêter serment de fidélité à la Constitution civile du Clergé. Cormaux s'abstint. Déjà la Municipalité de Moncontour avait fait épier ses instructions dans une Retraite donnée à Noël, et le Directoire du Département allait lui interdire la prédication du Carême.

Cormaux fut maintenu à son poste jusqu'à l'élection du curé intrus. Au commencement de juin, les paroissiens de Plaintel réclamèrent en vain qu'on leur laissât leur recteur aimé et vénéré. Ordre fut envoyé au pasteur d'avoir à céder la place pour le jour de la Pentecôte. Une lettre adressée par lui aux autorités demande une dernière faveur, celle de pouvoir distribuer la Première Communion aux enfants de la Trêve de Plaintel qu'il a préparés. Elle lui fut accordée, mais avec l'injonction de s'éloigner ensuite « en laissant « les esprits disposés à reconnaître leur nouveau pasteur et à suivre « ses instructions ».

Cormaux avait promis de ne traverser en rien le ministère du nouveau venu. Il se retira dans les environs de Plaintel. Les mesures prises par le Département des Côtes-du-Nord contre les prêtres insermentés ne lui permirent pas longtemps de se dissimuler. A Paris, ou aux environs, on lui faisait espérer plus de liberté. Il y était arrivé en novembre 1791.

Avec quelques prêtres d'élite réunis par le Père de Clorivière en

association du Sacré-Cœur, il reprit les exercices de la vie apostolique, prêcha des retraites dans les Collèges ou les Communautés
séculières que la loi n'avait pas encore frappés. Il ne fut pas d'ailleurs inquiété au moment des massacres de septembre 1792.

La Sausse raconte que, peu de temps avant ces massacres, Cormaux était allé avec l'abbé Desprez, vicaire général de Paris, en
pèlerinage à Montmartre. C'était pour obtenir, par l'intercession de
saint Denis et de ses compagnons, la grâce ou du moins l'esprit
du martyre. Ils étaient partis de grand matin de Paris, en silence,
priant intérieurement le Seigneur tout le long de la route. Après
avoir dit l'un et l'autre la messe, qu'ils se servirent réciproquement,
ils passèrent un temps considérable en prière devant la porte de la
chapelle souterraine qu'ils n'avaient pu faire ouvrir. L'entretien
qu'ils eurent après avoir satisfait leur piété, fut court ; ils se sépa-
rèrent, ne prévoyant pas que c'était le dernier adieu qu'ils se faisaient. M. Desprez fut arrêté peu de jours après et il fut une des
victimes qu'ont fit périr si inhumainement dans la maison de détention des Carmes, le 2 septembre. M. Cormaux fut bientôt instruit
d'une si accablante nouvelle ; la mort de son ami l'affecta vivement,
il se jeta à genoux et s'écria d'une voix entrecoupée de sanglots :
« Ah ! mon ami, mon cher ami, vous n'êtes plus, vous êtes heureux,
oh ! que vous êtes heureux ! Vous avez mieux prié que moi, vous
avez été écouté. Hélas ! je n'étais pas digne d'une pareille faveur ;
demandez au Seigneur pour moi que je m'en rende digne. »

Son ministère s'étendait aux environs de la capitale. Dans leur
avant-dernière réunion capitulaire les Annonciades de Saint-Denis
s'engageaient à faire une communion générale pour M. Cormaux
lorsqu'elles apprendraient sa mort, en échange de son souvenir pour
elles dans ses saints sacrifices et ses œuvres de zèle. Le 9 août 1793
il revenait d'administrer une carmélite de Pontoise, lorsqu'il fut
arrêté à Franconville sur la route de Saint-Denis. Le maire lui fit
subir un interrogatoire : il n'avait plus le laissez-passer de Plaintel,
et ne croyait pas en avoir besoin pour voyager à l'intérieur du
royaume. Il reconnaissait qu'il était curé de Plaintel et n'avait pas
prêté le serment. Ce double aveu lui valut d'être envoyé au Directoire du District de Pontoise.

Le même jour il y subissait un nouvel interrogatoire. Il raconte
son départ de Plaintel et le soin avec lequel il avait évité de faire
soupçonner qu'il eût le moindre rapport avec ses paroissiens. Il
refuse d'ailleurs toute indication capable de compromettre les personnes qui l'ont recueilli, soit en Bretagne, soit dans Paris ou les
environs : « Il était sous le coup de la loi, errant de côté et d'autre,
et ne pouvait en dire davantage. »

Après avoir examiné ses papiers et les objets religieux dont il était porteur, le Directoire et le Comité de Salut Public de Pontoise réunis envoient Cormaux en prison.

L'interrogatoire des religieuses carmélites de Pontoise et du voiturier qui le conduisait n'apporte pas de précisions nouvelles. L'aveu seul de Cormaux qu'il est prêtre réfractaire n'est d'autre part confirmé par aucune pièce officielle. Le Directoire du Département informé ordonne la translation immédiate du prévenu à Versailles (19 août). Il y arriva le 23, et fut écroué à la *Maison de Détention*. Il devait y rester jusqu'au 6 floréal suivant (25 avril 1794).

L'interrogatoire que lui fit subir un administrateur du Département le 15 septembre 1793 confirme ce que nous savons de sa vie avant la Révolution. Sommé de s'expliquer sur ses sentiments à l'égard de la Révolution et du gouvernement républicain, il déclare nettement qu'il ne peut aimer un gouvernement qui fait couler le sang de ses concitoyens et persécute les pasteurs légitimes. Il n'a pas prêté les serments et a quitté sa cure dès qu'il en a reçu l'ordre.

Après être resté cinq mois caché aux environs de Plaintel, il est venu à Paris, rue de la Chaise, habiter avec un ancien Jésuite, puis s'est caché depuis le mois d'Août 1792 : il ne veut donner aucune indication plus précise pour ne compromettre personne ; même silence pour son séjour à Pontoise.

Les nombreux objets de piété qu'il portait « prouvent qu'il va partout, prêchant le fanatisme et la désobéissance aux lois de la Convention nationale, et qu'il est un homme extrêmement dangereux ». — Il n'a jamais cru que « cette pratique de piété le rende le moins du monde suspect, n'en ayant jamais fait qu'un usage vraiment religieux et paisible ».

D'ailleurs aucune correspondance ne peut lui être imputée même avec sa famille.

Cette attitude de Cormaux rend quelque peu suspect ce qu'on a raconté des manifestations religieuses auxquelles il se serait livré dans le parcours de Pontoise à Versailles. On n'aurait pas d'ailleurs manqué de les lui objecter.

Pendant les huit mois passés à la *Maison des Récollets*, un de ses co-détenus, le sulpicien La Sausse, rapporte qu'il donna plusieurs retraites à ses compagnons de captivité, « en évitant la surveillance des geôliers ». Plusieurs prêtres constitutionnels furent amenés par lui à rétracter leur serment.

Deux lettres interceptées, écrites de la prison, et annexées à son dossier du Tribunal Révolutionnaire, font connaître son état d'âme pendant cette longue détention : « Je commence à entrer dans la voie qui conduit à Dieu seul... Ne nous plaignons de rien ; c'est par la Croix que l'on parvient au Ciel. Laissons-nous-y donc attacher avec notre divin Maître, et réjouissons-nous de pouvoir lui donner par notre patience quelque preuve de notre amour... Je suis

fâché de n'avoir pas brûlé quatre livres *jansénistes* que je destinais
au feu... Il y a apparence que Dieu ne me procurera pas la palme
du martyre, je n'en suis pas digne... »

Cette humilité n'atteste-t-elle pas le désir de la mort sanglante
pour son Dieu? Il devrait être exaucé : il en était digne.

L'administration départementale avait été remplacée sans avoir
donné de suite à son information sur Cormaux. Celle qui lui succéda crut pouvoir renvoyer le prévenu au District de Pontoise en
vertu d'une loi *postérieure* à son arrestation : la loi du 14 frimaire
(4 décembre 1793) qui attribuait exclusivement aux administrations
de Districts la surveillance de l'exécution des lois révolutionnaires
(16 avril 1794). De son côté le Directoire du District de Pontoise
arrêta que Cormaux devait être traduit devant le *Tribunal criminel*
de Seine-et-Oise en vertu d'une loi *également postérieure* à son arrestation (29 et 30 vendémiaire, 20-21 octobre 1793) portant « que tout
prêtre sujet à la déportation et qui sera rentré sur le territoire de la
R. P. sera livré dans les vingt-quatre heures à l'exécuteur des jugements criminels et mis à mort. »

Le 6 floréal (25 avril) Cormaux fut extrait de la maison de détention et amené au Tribunal criminel. L'absence de passeport au
moment de son arrestation, et l'omission de se soumettre à la loi
de déportation du 26 août sont seules visées dans l'interrogatoire. Le Jugement constate d'ailleurs que la loi visée par le District
de Pontoise ne peut être appliquée à un prêtre détenu avant sa mise
à exécution. Un seul grief peut être invoqué contre l'accusé : *le port
de signes contre-révolutionnaires.* Seul le Tribunal Révolutionnaire
de Paris peut connaître du crime de conspiration manifesté par cette
circonstance. L'inculpé est, en conséquence, envoyé à ce suprême
exécuteur (14 floréal).

De la *Maison de Justice* où il avait été écroué au jour de son
dernier interrogatoire (6 floréal), Cormaux partit le 24 floréal pour
la Conciergerie.

Coïncidence remarquable : le dernier arrêt d'un autre martyr
breton, la *Demoiselle de Saint-Luc,* avant son arrivée à Paris, avait
été à la *Maison d'Arrêt* du District de Versailles les 8 et 9 floréal.

Le 5 juin (17 prairial) Cormaux subit un dernier interrogatoire
devant Dobsen, l'un des juges du Tribunal Révolutionnaire.

Quels sont ses sentiments sur la mort du dernier des tyrans et
sur la République? — Il se soumet aux desseins de Dieu et aime par
ordre de sa religion le gouvernement où le met la divine Providence.
— Où était-il la nuit du 9 au 10 août? — Hors Paris. — Il n'a prêté
aucun serment, même pas celui d'observer la Constitution républicaine : sa conscience s'y opposait. — Il avoue qu'il a continué de
confesser et même d'administrer des malades.

Fouquier-Tinville a des faits suffisants pour établir son réquisi-

toire contre cet *ex-prêtre* et *ex-curé réfractaire* : « Gormeaux (sic)
prêtre, est un de ces infâmes et exécrables conspirateurs qui préten-
dent rester dans un gouvernement en refusant l'obéissance à ses lois
et en entraînant par leurs discours et par leur exemple les autres
dans leur rébellion, agent du fanatisme, trouvé saisi du signe de
ralliement des brigands de la Vendée, n'ayant jamais prêté aucun
serment, errant dans l'intérieur de l'empire pour y prêcher la
croisade du fanatisme et du royalisme, ayant trouvé moyen de se
soustraire aux lois rendues contre les conspirateurs de son espèce.
C'est en persistant dans sa rébellion qu'il se présente devant ses
juges. »

Le peu de sérieux avec lequel étaient confectionnées les pièces
des procès se révèle une fois de plus dans la rédaction du jugement.
Le N° 11 qualifie ainsi Cormaux : « Né à Lamballe, département
du Nord, ex-prêtre et curé *constitutionnel.* » Il n'en fut pas moins
condamné à mort le 9 juin 1794 (21 prairial an II). L'exécution
eut lieu quelques heures après à la place Saint-Antoine (de la Bastille).

Le souvenir de l'abbé Cormaux s'est perpétué parmi les fidèles
et le clergé du diocèse de Saint-Brieuc. Sa paroisse de Plaintel et les
environs qu'il avait évangélisés ont gardé pour lui une grande
vénération. A l'époque de la Révolution on l'invoquait avec une
religieuse confiance ; et de nos jours encore on lui attribue des
grâces insignes.

Documents : recueillis et publiés par l'abbé Lemasson dans « les
Actes des prêtres insermentés du diocèse de Saint-Brieuc, guillotinés
en 1794 », — et par l'abbé Pommeret dans « l'Esprit public dans
le Département des Côtes-du-Nord pendant la Révolution ».

XXXII. Thérèse-Pélagie-Anne Guillaudeu, Veuve des Bassablons.

Thérèse-Pélagie-Anne Guillaudeu, fille d'écuyer François-
Joseph Guillaudeu, sieur du Plessis, et de dame Marie-
Thérèse Eon, naquit et fut baptisé à Saint-Malo le 3 décembre 1728. Ses parents lui donnèrent les principes de la vraie piété.
En 1732 ils élevaient au Plessis-Pontpinel une chapelle sous l'invo-
cation du Sacré-Cœur de Jésus, et en 1734, ils obtenaient l'érection
d'une confrérie du Sacré-Cœur pour la paroisse de Paramé. La
charité et l'humilité furent dès sa jeunesse les deux vertus qui gou-
vernèrent toute sa vie. Mariée pendant 21 ans à M. Claude-Marie-
Vincent des Bassablons et privée de famille (son unique petite fille
étant morte peu après sa naissance) elle ne cessa de se dévouer à
toutes les misères spirituelles et corporelles.

Devenue veuve en 1768, après avoir ramené à la religion son

époux trop imbu des sophismes de la philosophie de l'époque, elle se donna avec plus de ferveur encore à ses œuvres. Présidente des Dames de charité en 1776, on la vit se multiplier pour le soulagement des pauvres honteux. Dans le bureau de charité qui existe encore, elle avait installé un atelier de filature pour fournir de l'ouvrage aux ouvrières. Les filles de mauvaise vie lui durent bien souvent leur retour à la vie chrétienne.

Au début de la Révolution, elle fut l'une des premières filles spirituelles du Père de Clorivière. Elle devait être la première martyre de la Société de Filles du Cœur de Marie instituée par cet ancien Jésuite, comme l'abbé Cormaux fut l'un des premiers martyrs de l'Association sacerdotale du Sacré-Cœur de Jésus.

Mme des Bassablons était trop connue dans la ville pour échapper aux persécuteurs des chrétiens notables. Elle donna l'hospitalité à un certain nombre de prêtres. L'un d'eux faisait des instructions à ses compagnes. Les autres ecclésiastiques de la ville et ceux qui étaient détenus en prison recevaient également ses soins. En vain la pressait-on de fuir à l'étranger. Malgré la crainte naturelle d'une mort sanglante que lui avait autrefois prédite un Père Jésuite, elle resta à son poste en continuant d'ailleurs ses œuvres habituelles de charité.

Le 2 pluviôse an II (21 janvier 1794), le Comité de surveillance de Saint-Malo fit une perquisition chez elle, et le lendemain il en rendait compte en ces termes au Comité de Salut Public : « Vraie aristocrate et fanatique. On a trouvé, avec deux mannequins et une caisse remplie de livres, une somme de 12.124 livres, dont 93 en assignats, somme que cette citoyenne a déclaré appartenir à son frère Louis Guillaudeu de la Villarmois, prêtre, résidant dans la République. »

Le 19 pluviôse (7 février) les sept sœurs de charité de la rue Saint-Sauveur, aides de Mme des Bassablons, étaient arrêtées par le commandement du farouche Lecarpentier, représentant du peuple dans le département de la Manche et départements environnants. Le lendemain ordre était donné à l'ingénieur de la Place » d'enlever « au plus tôt la Vierge et les inscriptions qui étaient encore sur la « grande porte, et qu'il veuille bien faire de ce local un magasin ».

Le 17 germinal (6 avril) un arrêté de Lecarpentier ordonnait l'arrestation de Mme des Bassablons : « considérant que cette ci-« toyenne fut rendue suspecte en donnant depuis longtemps le « dangereux exemple d'un attachement aveugle au fanatisme, en « l'alimentant, en faisant passer des sommes à ses partisans, et en « entretenant avec eux une correspondance contraire aux prin-« cipes du gouvernement révolutionnaire. »

Cet arrêté était exécuté le surlendemain. La prisonnière fut reçue dans la maison d'arrêt avec le plus grand respect : notre Sainte,

Notre-Dame du Bon-Secours, tels étaient les surnoms que tous lui donnaient depuis longtemps. Elle continua de les mériter par son action auprès de ses codétenus.

Le 13 prairial (1er juin) le Comité de Surveillance décidait l'envoi au Tribunal Révolutionnaire de trente victimes : c'était *l'échantillon* des contre-révolutionnaires de l'endroit, suivant l'expression des autorités. Avec d'odieuses précautions Mme des Bassablons et ses compagnons furent enlevés sur de mauvaises charrettes le lendemain à 4 heures du matin.

Ils arrivèrent à la Conciergerie. Le 1er messidor (19 juin), Fouquier-Tinville produisait son acte d'accusation. Le tableau des victimes de Saint-Malo qui lui avait été envoyé, disait de Mme des Bassablons : « Détenue du 19 germinal par ordre du représentant « du peuple Lecarpentier pour causes ci-après : relations et liaisons « avec les royalistes et fanatiques : — opinions semblables : — « recèle des prêtres réfractaires et favorise de tout son pouvoir « les menées aristocratiques. Elle tient un bureau ou petite ma- « nufacture pour employer les pauvres à filer et faire des bas. Elle « jouit d'environ 5.000 livres de rente. » — L'accusateur public traduisait ainsi : « Pélagie-Anne Guillodeux, femme Bassablons, « née à Port-Malo, y demeurante, ex-noble vivante de son bien. — « La veuve Bassablons entretenait des intelligences avec les enne- « mis intérieurs de la République : sa maison était l'asile ou plutôt « le repaire des prêtres réfractaires qu'elle recélait pour les sous- « traire à la déportation et favoriser leurs trames et complots. Le « fanatisme était *surtout le* moyen dont elle se servait pour faire « des partisans à la contre-révolution. »

Le lendemain, 2 messidor, les accusés comparaissaient au Tribunal Révolutionnaire et s'entendaient condamner à mort, sans interrogatoire, comme convaincus d'avoir été du nombre des ennemis du peuple. L'huissier les conduisit dans la soirée à la ci-devant place du Trône où ils furent exécutés en sa présence.

Au moment du départ de la prison de Saint-Malo, l'abbé Manet raconte dans ses *Grandes Recherches*, qu'il put, dissimulé dans un grenier, donner l'absolution aux victimes. De son côté le Père de Clorivière, caché alors à Paris, put confesser Mme des Bassablons avant le départ pour l'échafaud. « On ne peut exprimer, disait-il ensuite, à quel degré d'énergie la grâce du sacrement éleva cette sainte âme. Mme des Bassablons, si craintive jusque-là de l'horreur du supplice, se montra dès lors comme revêtue d'une sorte d'apostolat ; avec cette éloquence de cœur que l'esprit de foi sait inspirer, elle fit partager aux autres condamnés les sentiments de paix et de consolation dont elle-même était pénétrée. — « Ma bonne Mère, aidez-nous, lui disaient-ils dans le parcours du funèbre cortège. » —Arrivée au pied de l'échafaud, elle y monta avec courage et dignité, ce qui donna à ses compagnons la force de mourir comme elle. »

Le souvenir de Mme des Bassablons est resté en vénération dans le pays de Saint-Malo, en particulier parmi les Filles du Père de Clorivière. Son portrait orne le parloir de la Maison de Charité. Le dernier Evêque de Saint-Malo, Mgr de Pressigny, dans son mandement sur le rétablissement du culte public en France (28 septembre 1800) lui consacre une page émue : « Lorsque je me rappelle, « écrit-il, cette foi vive, mais discrète, cette piété si douce et si ai- « mable, cette charité si active, qu'on avait peine à comprendre « qu'une santé si faible et si délicate pût y suffire, j'ai la confiance « que Dieu n'abandonnera pas ceux à qui il a permis que de tels « exemples fussent donnés et à qui il a ménagé de tels interces- « seurs... Si quelque pensée put adoucir ma douleur profonde... « ce fut l'espoir que cette sainte âme avait été reçue immédiate- « ment dans le sein de Dieu, dont le nom avait été glorifié par elle « pendant la vie et à la mort. »

Documents : Archives Nationales W-392-908. — Archives Communales de Saint-Malo. — Archives de la Société des Filles du Cœur de Marie. — Grandes Recherches de l'abbé Manet.

XXXIII. Victoire CONEN DE SAINT-LUC,

Demoiselle de la Retraite de Quimper.

Victoire de Saint-Luc naquit à Rennes, le 27 janvier 1761, de Gilles-René Conen de Saint-Luc, conseiller au parlement de Bretagne, et de Françoise-Marie du Bot. Aînée de la famille, elle précédait dans la vie trois sœurs et deux frères. Dès son enfance, elle montra un naturel ouvert, porté à l'enjouement et aux réparties, un esprit vif, un cœur affectueux ; mais aussi beaucoup de pétulance et d'étourderie.

Victoire eut pour première institutrice sa mère, et pour premier directeur son oncle paternel, l'abbé Toussaint-François-Joseph Conen de Saint-Luc, alors chanoine de la cathédrale de Rennes, plus tard évêque de Quimper. Quand sa fille approcha de la neuvième année, Mme de Saint-Luc crut que pour combattre la légèreté de Victoire les règlements d'un pensionnat seraient plus efficaces que la vie de famille, et elle choisit le second monastère de la Visitation de Rennes, connu sous le nom de « Colombier ». La contrainte de l'internat ne réduisit pas immédiatement le caractère de l'enfant ; les sobriquets mérités de « Lady Tempête », de « Lady Babiole », suffisent à le prouver. Mais au bout de six mois le changement fut assez sensible pour qu'on pût faire entrevoir à la pensionnaire le bonheur de la première communion. L'idée de s'y préparer dignement lui inspira de se vaincre. Elle fut admise à la sainte table le jour de Noël 1770, et dès lors elle se sentit appelée à la vie religieuse. Le désir de cette vocation accrut son courage à se vaincre. « Lorsqu'elle tombait dans une faute, on lui disait quelquefois : Quoi, Victoire, vous voulez être religieuse et vous avez de l'attache à votre volonté? Rien n'était plus propre à la faire redoubler d'efforts pour se corriger. »

Le passage par le pensionnat ayant ainsi rapidement produit ses fruits, Mme Saint-Luc en retira bientôt sa fille pour lui faire donner des leçons particulières, à l'exception du catéchisme qu'elle se réserva.

Quelques fêtes mondaines dans lesquelles Victoire dut se produire semblèrent un instant la captiver. Quelques paroles adroites de la mère eurent bientôt raison d'un attrait passager pour ces *bagatelles*, et les *séductions du monde* s'évanouirent pour jamais à ses yeux.

M. de Saint-Luc, nommé en 1771 président à mortier au parlement de Bretagne, dut résider à Rennes jusqu'en 1774. A cette époque il prit sa retraite et se retira définitivement dans la terre du Bot, à quelques lieues de Quimper dont son frère occupait l'évêché depuis 1773. Lorsque Victoire séjournait à Rennes, elle aimait à se rendre au monastère de la Visitation ; éloignée désormais du Colombier, elle engagea une correspondance régulière avec l'une de ses anciennes maîtresses, Mme de Bouteville. Se faire elle-même Visitandine était pour lors tout son désir. Elle méditait d'entrer en religion un peu avant sa dix-septième année, si ses parents y voulaient consentir.

En attendant, le château du Bot lui offrait déjà l'image d'un couvent. La cloche y réglait les exercices. A la chapelle où reposait le Saint-Sacrement, la journée s'ouvrait par la prière du matin et une lecture de piété ; la messe se célébrait ensuite ; peu après on se réunissait pour le déjeuner, puis chacun allait à son emploi. Mme de Saint-Luc s'occupait d'abord de l'éducation de ses enfants, puis elle réunissait ceux du quartier pour leur faire le catéchisme ; elle partagea ensuite cette occupation avec ses filles et en forma plusieurs classes. Après le dîner et une courte récréation, on se réunissait pour le travail, on lisait d'abord la vie des saints, puis quelque livre instructif et édifiant. Vers le soir, on disait le chapelet en commun suivi d'une lecture et d'une visite au Saint-Sacrement. Une heure environ après le souper, une lecture et la prière terminaient la journée.

Dans un pareil milieu les vertus de Victoire grandirent facilement. Comme le château servait non seulement d'école de catéchisme, mais aussi de dispensaire aux pauvres du pays, la jeune fille eut l'occasion d'exercer les œuvres de miséricorde corporelle. Sa mère lui confia la garde de la pharmacie et lui demanda son aide pour les pansements. Victoire « s'acquittait de ce soin avec une attention singulière ; les plaies les plus infectes étaient les plus à son goût, et à l'exemple de Mme de Chantal, elle en voulut sucer le pus. Elle se mettait souvent à genoux avec respect pour servir les membres souffrants de Jésus-Christ, les consolait, les pansait avec une tendre affection, avait toujours quelque mot édifiant à leur dire.

A ce dévouement pour les pauvres, Victoire joignait l'amour de la pénitence. Elle aimait à se mortifier, à contrarier en elle le goût de la parure et le plaisir de la table. Elle usait d'instruments de pénitence qu'elle avait confectionnés avec une ingénieuse adresse. Bref elle méritait le surnom de « petit saint Jérôme » qu'on lui donnait dans l'intimité de la famille. Il arriva même que sa mère dut la surveiller de près et lui faire de sages remontrances, pour l'empêcher de nuire notablement à sa santé.

Manifestement Victoire de Saint-Luc était appelée à quitter le monde et à entrer en religion. L'élue de Dieu hésitait à choisir sa demeure. Elle admirait dans l'ordre de la *Visitation* l'abnégation, le détachement, les vertus *tout intérieures*. L'amour brûlant qu'elle avait pour la *pénitence* l'inclinait vers le *Carmel*, et même vers les Pauvres Clarisses. La règle de saint Augustin que suivent les *Dames Hospitalières* excitait aussi son ambition ; elle ne voyait rien de plus beau que de soulager les membres souffrants de Jésus-Christ et de leur consacrer sa vie. Le jubilé de l'année sainte s'ouvrit à *Quimper*, au mois de mai 1776 ; elle accompagna ses parents dans cette ville et en suivit tous les exercices avec la plus grande piété ; elle resta ensuite deux mois chez les dames *Ursulines*, pour se perfectionner dans la peinture, en prenant quelques leçons d'un excellent maître qui y était alors.

C'était là que Dieu l'attendait pour lui faire connaître sa volonté, et faire cesser ses incertitudes. Pendant le séjour qu'elle y fit, elle eut le temps de voir et de connaître une sainte société, connue sous le nom de *Demoiselles de la Retraite*... Elles donnaient alors à Quimper douze retraites par an ; huit bretonnes pour les gens de la campagne et quatre françaises. Ces retraites étaient nombreuses et produisaient des conversions et des fruits abondants. Victoire fut frappée du bien qui s'y opérait. Etre *associée à la fonction d'apôtre*, coopérer au salut des âmes, lui parut au-dessus de toutes les austérités corporelles, et même du soin des malades, et pouvait d'ailleurs s'y allier en partie. Guidée par son saint oncle qui lui répétait ces paroles du prophète Daniel : que ceux qui enseigneront aux autres la voie du salut brilleront comme des astres dans l'éternité, elle se décida irrévocablement pour cette sainte maison, et ne s'occupa plus que de se rendre capable d'y opérer quelque bien. Elle avait alors quinze ans.

Revenue au château du Bot, elle fit approuver son dessein par ses parents et s'appliqua aussitôt à l'étude sérieuse du *breton*, qu'elle parlait déjà suffisamment pour enseigner le catéchisme. Elle en vint à pouvoir composer en cette langue des exhortations de piété. Elle apprit aussi le *latin* avec le précepteur de ses frères, afin de comprendre le saint office, l'évangile, le livre de l'*Imitation* et les écrits des Pères de l'Eglise. Elle lut les meilleurs ouvrages d'ascétisme, les vies des saints, en faisant des extraits, y recueillant des sentences qui lui serviraient pour toucher les cœurs. Elle continua de cultiver son talent de *peinture*. Elle y employait tous les jours un certain temps, et trouvait un extrême plaisir à composer des sujets pieux, à faire des images dévotes, des pales pour le *Saint-Sacrifice*, et même des tableaux de dévotion en miniature, au pastel et à l'huile. Son désir d'imiter le Maître lui fit dès lors souhaiter la mort des martyrs : « Mourir à 33 ans, comme Jésus-Christ, et mourir martyre ! » c'était une des pensées qu'elle aimait à répéter à sa sœur Angélique. Enfin, sans négliger les œuvres de miséricorde ni restreindre ses austérités, Victoire entretenait et développait surtout en son cœur *le zèle des âmes*. Elle soupirait sans cesse après le moment de se consacrer elle-même à l'apostolat de la Retraite.

Sa mère eût consenti à son départ, mais son père voulait qu'elle attendît ses vingt et un ans. Elle fit *un postulat d'un an dans la maison paternelle, comme c'était alors l'usage de la Société*. Enfin arriva le jour heureux fixé par son saint oncle, 2 février 1782, où elle devait faire son sacrifice au Seigneur. Elle s'arracha du milieu d'une famille qu'elle aimait tendrement et dont elle était aimée de même. Le matin avant le jour, Mme de Saint-Luc, accompagnée de ses quatre filles, se rendit en silence à la maison de la Retraite.

Mme de Saint-Luc demanda la Supérieure (Mlle du Clesmeur) et lui présenta sa fille : « Je viens, lui dit-elle, Mademoiselle, vous remettre entre les mains les prémices de ce que j'ai de plus cher au monde. » Cette sainte Supérieure la reçut avec une extrême bonté. Elles passèrent de suite à la chapelle où l'*évêque* les attendait ; il revêtit sa nièce du saint habit, fit un discours, célébra la messe, où toutes ces dames communièrent...

Peu après l'entrée de Victoire, il se donna une retraite bretonne ; grâce à l'étude qu'elle avait faite de cette langue, à son heureuse mémoire, et surtout à son ardent désir de procurer la gloire de Dieu, elle put y travailler, et elle le fit avec le plus grand succès. Persuadée avec raison que les exercices de la retraite ne peuvent produire de fruits qu'autant que l'on est pénétré soi-même des vérités qu'on enseigne aux autres et qu'on les met en pratique, Mlle de

Saint-Luc s'appliqua à exercer toutes les vertus. Dieu bénit tellement ses désirs et ses travaux, et donna une telle onction à ses paroles que, dès qu'elle ouvrait la bouche, tous les cœurs étaient touchés par la grâce du Saint-Esprit qui les animait. On ne l'appelait que la bonne, la sainte Victoire, tant était grande la vénération qu'elle inspirait à tous ceux qui l'entouraient.

A l'exemple de Notre-Seigneur, les plus anciennes et les plus grandes pécheresses étaient celles qui avaient le plus d'accès auprès d'elle : elle les cherchait dans les retraites, les attirait par le charme de sa douceur, et souvent les convertissait. Lorsqu'elle en avait l'espérance, sa joie était extrême. En travaillant par ses exhortations à les retirer du vice, elle leur donnait encore des secours pour les mettre à l'abri des occasions de rechute.

Victoire ne réussissait pas moins avec d'autres catégories de retraitantes. Dans les retraites, il y avait souvent des jeunes personnes qu'on disposait à la *première communion*, et c'était Mlle de Saint-Luc qu'on chargeait de ce soin.

C'était un bonheur pour elle quand l'époque des retraites approchait, surtout quand elles devaient être nombreuses (les bretonnes montaient quelquefois à trois cents). La vue du travail ne l'effrayait pas ; au contraire, elle le désirait. Elle regardait ces bonnes femmes comme ses sœurs en Jésus-Christ, peut-être plus agréables qu'elle à ses yeux, comme des âmes d'élite que le bon Pasteur ramenait à son bercail, et dont la ferveur allait le dédommager de leur éloignement.

Victoire de Saint-Luc ne se contentait pas des travaux de retraite. Elle s'occupait encore *à soulager dans leurs besoins les pauvres de* la ville, à panser comme autrefois *les plaies des infirmes*, à consoler les *malades*, à exhorter les *mourants*.

Une épreuve intérieure faillit compromettre le succès de ces travaux apostoliques. La crainte de n'être pas à la hauteur de sa vocation, l'attrait pour le Carmel où elle aurait pu du moins se rendre utile par la prière et les mortifications corporelles, la tourmentèrent pendant quelque temps au point d'altérer sa santé. Une retraite particulière lui rendit la paix de l'âme et la fidélité à sa vocation.

Pour la retraite de 1786, son oncle, l'*évêque de Quimper*, lui servit de directeur et obtint d'elle un sacrifice qu'elle répugnait à faire. Victoire pratiquait volontiers les austérités corporelles. Sa Supérieure, qui était depuis 1783 Mlle Marie-Charlotte de Marigo, y voulait mettre de justes bornes, et l'ardente religieuse regimbait. Enfin elle se soumit : « Non, plus de réserve, ô mon Dieu, dans l'holocauste que je veux vous faire de ma propre volonté. »

Cependant une grave maladie, dont on attribua la cause à ses imprudences, vint en 1790 prouver combien sa Supérieure avait raison de lui imposer la modération. Son mal dégénéra en fièvre tierce, et elle tomba dans un état de langueur qui donna les plus vives inquiétudes. Son esprit de renoncement et de sacrifice et son amour pour les saintes règles la portèrent à refuser la permission qui lui fut offerte d'aller changer d'air chez ses parents, quoiqu'elle les aimât avec beaucoup de tendresse. Parfaitement soumise à la volonté de Dieu, on ne l'entendit jamais proférer une plainte pendant plus d'un an de souffrances, et elle ne témoignait de répugnance que pour accepter les adoucissements nécessaires à ses maux. Les douleurs aiguës succédèrent à cette espèce de marasme ; elle se plaisait à les augmenter par des mouvements violents et un exercice forcé, ce qui lui procura des sueurs abondantes, qui lui devinrent salutaires. Le Seigneur qui la destinait à souffrir de plus grands tourments pour son nom lui rendit la santé.

Depuis longtemps Mgr de Saint-Luc observait les approches de la Révolution. Dès 1776, profitant du jubilé, il avait dénoncé du haut de la chaire les agissements souterrains de la franc-maçonnerie. Plus tard (juillet 1790) quand se préparait la constitution civile du clergé, il confia ses inquiétudes au pape Pie VI. Dans l'intimité, et particulièrement lorsqu'il se rendait à la Retraite, il annonçait aux Directrices les mauvais temps qui allaient venir : « Tout ce que vous voyez n'est rien, mes chères filles ; les maux les plus affreux vont fondre sur notre coupable patrie... Mettez toute votre confiance en Dieu seul, et souvenez-vous que le Seigneur n'abandonne pas ceux qui mettent leur espoir en lui. » En septembre 1790, il vint une dernière fois bénir les Dames de la Retraite et les encourager à supporter généreusement les persécutions qui seraient pendant longtemps leur unique partage.

La notification de la Constitution civile du Clergé avait été un arrêt de mort pour le vaillant Evêque. Après avoir protesté contre la tendance schismatique de ce document, le prélat tomba malade, le 26 septembre 1790, et, quatre jours après, il rendit son âme à Dieu.

Expilly, l'évêque schismatique du Finistère, élu le 2 novembre, fut sacré le 2 février 1791. Il voulut contraindre les Communautés du département à reconnaître son autorité. Entre toutes, il distinguait les demoiselles de la Retraite, en raison de l'influence que leur sainte œuvre leur donnait, dans toute la région.

Il se rendit près d'elles, et tâcha de les gagner par des manières bienveillantes et des paroles flatteuses ; mais l'accueil glacial qu'il en reçut lui enleva tout espoir de succès, et il laissa agir les autorités civiles.

Le 1ᵉʳ juin 1791, un arrêté du Département défendit aux religieuses, alors au nombre de cinq, de donner des retraites sans l'autorisation de l'évêque intrus, et d'y employer d'autres prêtres que ceux qui étaient assermentés.

Le 3o juin, à la demande du Procureur Général Syndic, elles furent mises en demeure de prêter le serment demandé, depuis le 15 avril, à toutes les personnes chargées d'éducation. En cas de refus, elles devaient s'attendre à être chassées de leur maison, dans la huitaine.

Leur refus fut formel.

Le 2 juillet, les commissaires envoyés à la Communauté reçurent cette réponse unanime des Demoiselles présentes, qu'elles étaient décidées à ne pas faire les serments, et que, d'ailleurs, elles persévéraient dans leurs précédentes déclarations concernant la Constitution Civile du Clergé.

Mlle de Saint-Luc retenue dans sa chambre par la maladie, était, déclaraient ses compagnes, dans les mêmes sentiments. Les Annales de la Retraite relatent que, sur l'insistance des commissaires, une religieuse se rendit près de la malade, pour recueillir sa déclaration : « Jamais je ne prêterai le serment demandé, se serait-elle écriée : *Je signerais mon refus de mon sang.* »

Quelques jours après, pendant que plusieurs commissaires faisaient l'inventaire du mobilier de la maison, Victoire écrivait à sa sœur, pour lui raconter « le refus de prêter le serment proposé et de ne recevoir que des jureurs... » On avait tant d'envie de nous garder qu'on se serait encore relâché de la première condition, si nous avions voulu acquiescer à la seconde. »

Le zèle de Victoire la rendit saintement audacieuse. Avec la permission de sa supérieure, elle ne craignit pas d'écrire, le 29 octobre 1791, à Le Coz, principal du collège de Quimper, une lettre de reproches pour ses *Observations* apologétiques *sur la constitution civile du Clergé.* En juillet 1792, le même zèle lui inspire une lettre semblable à un des anciens directeurs de la Retraite, l'abbé Louëdon, recteur de Beuzec-Cap-Caval, retombé dans le schisme après une rétractation. L'intervention de la future martyre, et sans doute son sacrifice, devaient amener le retour tardif de ces pasteurs égarés.

Après quelques mois passés au Calvaire de Quimper, où l'on avait offert aux Dames de la Retraite, spoliées et persécutées, une généreuse hospitalité, Victoire dut rentrer dans sa famille. Très suspect à cause de sa parenté avec le défunt évêque de Quimper, et de l'hospitalité qu'il offrait aux prêtres proscrits, le Président de Saint-Luc fut en butte à toutes les vexations. Victoire ne craignit pas d'écrire aux autorités constituées, pour obtenir l'élargissement de son père; ses démarches eurent un succès momentané; mais à la fin de janvier 1793, elle fut, avec tous les siens, mise en surveillance à Quimper.

Le Vendredi saint, elle écrivait une méditation dans laquelle elle rappelait le vœu de virginité qu'elle avait fait quelques années auparavant, le Jeudi saint : « C'était à un Epoux de sang et de souffrances que je me donnais... Mon Dieu, faites-moi la grâce de bien comprendre qu'il ne peut rien m'arriver de plus heureux, que d'être dans le cas de donner ma vie pour vous... Comme je puis être surprise, et n'avoir pas le temps de faire avec réflexion mon sacrifice, dès ce moment, je vous le fais à l'avance, librement et volontairement... Je déclare même ici, d'avance, que je pardonne de tout mon cœur à tous ceux qui pourraient procurer ma mort. Je ne désire pas que mon sang crie vengeance contre eux ; mais au contraire, grâce, miséricorde et conversion. »

Pour elle, en effet, avait commencé le calvaire. Le 23 mars 1793, *la veille des Rameaux*, elle avait été citée devant le Juge de paix de Quimper, comme impliquée dans une affaire de conspiration intentée contre les frères Laroque-Trémaria. Une lettre interceptée, écrite par Victor Laroque à son frère, le 18 juillet 1792, parlait d'un « Cœur qui devait le suivre dans les combats », présent de la « charmante Victoire ». N'était-ce pas l'emblème arboré par les Vendéens dans leur révolte? La date de la lettre aurait dû faire comprendre que le *présent* en question était antérieur au soulèvement des provinces de l'Ouest. Les Juges de Quimper, comme plus tard Fouquier-Tinville, ne s'inquiétèrent pas de cet anachronisme. Le médecin Laroque, emprisonné le 14 mars, était interrogé le surlendemain et déclarait qu'il n'avait jamais vu dans cet objet de dévotion aucune signification de contre-révolution. Malgré cette affirmation, Victoire, appelée elle-même au tribunal, ne peut que déclarer sa complète ignorance du rôle attribué aux images du Cœur de Jésus. Pour elle, dans toutes celles qu'elle a travaillées et distribuées, elle n'a jamais vu qu' « un signe de dévotion et de paix ».

Les inquiétudes produites par cette accusation parurent cependant se dissiper. Laissée libre elle-même, elle s'employa à obtenir la sortie de prison de son père et de sa mère, et eut la joie d'y réussir.

Rentrée au château du Bot, en août 1793, la famille Conen de Saint-Luc a bientôt de nouvelles alarmes. Emprisonnée à Carhaix, le 10 octobre avec les siens, Victoire nous a laissé des écrits qui montrent la force, la résignation et la paix de son âme : Méditation sur l'Agonie du Jardin des Oliviers, Journal historique et tragicomique du séjour dans la prison.

Dans ce triste séjour, elle n'oublie pas son rôle d'apôtre : elle parvient à consoler, même à convertir certains de ses co-détenus, et répand sur tous les délicatesses de la plus parfaite charité.

Le 27 janvier 1794, jour anniversaire de son baptême, lui fournit l'occasion de nouvelles actions de grâces, de nouvelles oblations d'elle-même, accompagnées du pressentiment du martyre prochain; c'est à 33 ans que Jésus a été sacrifié : qu'elle serait heureuse de ce

trait de conformité avec son Dieu : terminer sa course au même
âge que lui ! — Elle accepte la mort « dans le temps et de la manière qu'Il lui plaira, ici ou ailleurs, sans consolation, sans secours, par le glaive, par le feu, par la faim ou la misère. Sauvez
seulement pour l'éternité une âme que vous avez rachetée de votre
sang... »

Quatre jours après, c'était la séparation des siens : Victoire est
emmenée de Carhaix à la prison criminelle de Quimper : sa cause
se trouve ainsi nettement séparée de celle de ses parents.

Le 2 février au soir, elle se rappelle sa première oblation, faite
à pareil jour, douze ans auparavant. Ne devrait-elle pas triompher
de joie, à l'exemple des Apôtres, d'être jugée digne de souffrir pour
Jésus-Christ?... Et déjà elle ressent « une force, un courage, une
sorte même de consolation et de délices, qui sont au-dessus des
faiblesses de la nature. »

C'est le lendemain seulement qu'elle se sentira vraiment exau-
cée. Elle apprend qu'un mandat d'amener, de Fouquier-Tinville,
le pourvoyeur de la guillotine, l'appelle au Tribunal Révolutionnaire de Paris, comme prévenue de complicité dans l'affaire des
frères Laroque : « C'est, écrit-elle, mon *histoire* pour le Cœur de
Jésus !... Si je péris, je puis dire que c'est *injustement* et pour un
objet *saint !*... Nous n'avions pas eu encore de *martyr* dans notre
famille!... Ne serais-je pas trop heureuse et trop honorée d'être la
première? »

Si l'alternative de crainte et de sainte joie se fait sentir dans
son âme, comme dans celle de l'Homme-Dieu à la veille de la Passion, le *Fiat !* l'emporte toujours, et volontiers elle signe : « Victoire,
prisonnière pour Jésus-Christ ! »

Le succès plusieurs fois obtenu, par ses démarches près des autorités civiles, pour obtenir la liberté des siens, elle crut de son devoir
de le solliciter pour elle-même, non pour se soustraire à la mort,
mais pour établir son innocence quant à la complicité qu'on lui
attribuait dans la prétendue conspiration des frères Laroque.

Ce n'est pas la liberté qu'elle demande, mais bien d'être jugée
à Quimper ou à Brest, où siège aussi un Tribunal Révolutionnaire,
plutôt qu'à Paris, ce qui lui imposerait un long voyage, et la sépa-
rerait des siens dont elle est la meilleure consolation.

Charitable toujours, Victoire écrit une seconde supplique au
nom de la femme Benoît, de Quimper, une de ses co-détenues. Ce
document, comme le premier, conservé aux Archives du Tribunal
Révolutionnaire de Paris, est écrit de sa main, dans ce style particulier dont il était nécessaire de se servir, si l'on voulait être lu
par le destinataire, et que Victoire avait déjà appris à utiliser dans
ses pétitions antérieures.

Mais tandis que la femme Benoît devait se voir rendue à la

liberté le jour même de la condamnation, la supplique de Victoire a été marquée d'une croix au crayon rouge ; le même crayon a souligné la phrase où elle parle des Sacré-Cœurs qu'elle a préparés et distribués ; enfin l'une de ces images est fixée à sa supplique, comme pièce de conviction, sans doute. Tous ces détails ne semblent-ils pas indiquer que le motif principal de la condamnation de Victoire est bien sa dévotion communicative au Sacré-Cœur ?

En attendant la réponse à sa requête, elle oublie ses souffrances et ses privations pour faire du bien aux autres ; elle n'oublie pas que, par état, elle doit travailler au salut des âmes. Son action bienfaisante est continue et le geôlier lui-même l'appelle « l'Ange de la maison ». Elle est soutenue et encouragée dans son zèle par l'exemple et les discours d'un saint prêtre, condamné à mort et qui doit être exécuté à Quimper. Elle a pu en recevoir l'absolution de ses fautes, ce qu'elle souhaitait en vain depuis longtemps ; et les exhortations de ce confesseur de la foi l'ont enflammée d'un saint enthousiame : combien elle eût été heureuse de pouvoir monter à la guillotine après lui ! »

Dieu la destinait à de plus longues épreuves : bientôt ses vénérés parents sont aussi internés à Quimper, et c'est avec eux qu'elle accomplira ce voyage de Paris qui ne va pas durer moins de 25 jours. Le 3 avril, au moment de quitter Quimper, elle envisage la redoutable agonie qui doit la préparer, avec son père et sa mère, au dernier supplice. C'est pendant le temps de la Passion qu'ils vont effectuer « ce long et terrible voyage » : heureux d'avoir part aux souffrances du Maître, afin de participer aussi à son triomphe.

Les dossiers ont suivi les prisonniers. Le 19 juillet, Fouquier-Tinville requiert la condamnation du père et de la mère, comme fanatiques et aristocrates ; mais Victoire aura les honneurs d'une mention spéciale dans le réquisitoire de l'Accusateur public. L'histoire des images du Sacré-Cœur de Jésus y est racontée avec un parti-pris évident et la plus insigne mauvaise foi. « C'était la fille Saint-Luc qui envoyait à l'un des Laroque le signe de ralliement des brigands de la Vendée... » Suit la citation des passages qui la concernent dans les lettres des frères Laroque. L'appel nominal indiquera pour elle d'autres motifs de condamnation : « Victoire Conen Saint-Luc, 33 ans, née à Rennes, demeurant à Quimper, *vivant dans un rassemblement, dit maison de retraite...* Pour avoir secondé la révolte des brigands de la Vendée, avoir distribué des signes de ralliement aux révoltés », elle est déclarée ennemie du peuple et digne de mort.

C'était bien la religieuse (celle qu'on considérait comme telle), qui était condamnée. C'était bien pour elle, comme pour tant d'ecclésiastiques et de femmes pieuses et dévouées, *ses superstitions, son fanatisme communicatif, et son opposition aux lois anti-catholiques,*

en particulier à la constitution civile du Clergé et à la suppression
des Congrégations religieuses, qui étaient visés.

Séparée, à la Conciergerie de ses vénérés parents, elle devait les
retrouver au jugement et à l'exécution. Un dernier souvenir envoyé,
avec les reliques les plus précieuses qu'elle portait, à ses Sœurs de
la Retraite, contient cette phrase : « Si j'ai le bonheur d'aller au
ciel, comme je l'espère, je n'y oublierai pas mes pauvres compagnes
et mes amis. » Cette espérance, c'est-à-dire cette ferme
confiance, elle allait en donner une dernière preuve, rapportée dans
les Annales de la Retraite. Elle obtint du bourreau de mourir avant
son père et sa mère. Après leur avoir demandé une suprême bénédic-
tion, elle se relève et leur adresse ce dernier adieu : « Vous m'avez
appris à vivre : avec la grâce de Dieu, je vais vous apprendre à
mourir », et dans un pieux et sublime transport, elle s'élance vers
l'échafaud.

Deux jours auparavant, les Bienheureuses Carmélites de Compiègne l'y avaient précédée, victimes, elles aussi, de leur fidélité à
leurs vœux et de leur dévotion au Sacré-Cœur. La même fosse commune reçut leurs restes sanglants. Puissent-elles être honorées ensemble du même culte dû aux vrais martyrs !

La famille naturelle et la famille spirituelle de Victoire ont conservé avec piété le souvenir de ses vertus et de son *martyre*. On garde
religieusement divers objets qui lui ont appartenu, et surtout sa
correspondance, et les écrits intimes que, dans sa prison, elle avait
remis à sa sœur, Mme de Silguy. L'intercession de la *Martyre du
Sacré-Cœur* est de tradition dans les différentes maisons de la Retraite, et des grâces spirituelles et temporelles lui sont attribuées.
Citons entre autres la préservation de la Congrégation, au moment
de la persécution religieuse des débuts du siècle : Regardée par
l'administration comme exclusivement enseignante, et, par suite,
vouée à la spoliation et à la dissolution, elle a pu faire reconnaître
son caractère *mixte* et poursuivre sa vie religieuse en France, même
après la fermeture de ses pensionnats.

Comme la Congrégation tout entière, les deux maisons de la
Retraite de Bruxelles avaient été spécialement confiées à la garde de
Victoire de Saint-Luc : elles ont été merveilleusement préservées,
au cours de l'occupation allemande, durant la récente guerre. Des
malades ont obtenu guérison ou mieux inespéré, après une neu-
vaine au Sacré-Cœur par Victoire de Saint-Luc, etc...

Documents : Arch. Nation. W. 423-958. — Arch. Départementales du Finistère. — Annales de la Retraite. — Notice sur les maisons de la Retraite : R. P. Debuchy, chanoines Peyron et Crosnier.

XXXIV et XXXV. Marie-Louis-Léonor DE CUSSY,

Julien-François-Léonor DE MONS DE CARANTILLY,

Vicaires généraux de Coutances.

Marie-Louis-Léonor de Cussy naquit et fut ondoyé à Coutances le 2 juin 1736 ; le supplément des cérémonies eut lieu le 5 mai 1750 en l'église Saint-Nicolas de cette ville. Il était fils de Jacques de Cussy, seigneur de Mandeville, et de noble dame Françoise-Elisabeth de la Bazonnière. Un de ses oncles, Gabriel-François de Cussy était lui-même, en 1760, docteur en théologie de la faculté de Paris, vicaire-général du diocèse de Coutances, chanoine, premier et grand archidiacre.

Marie-Louis-Léonor, tonsuré à Paris le 14 juin 1750, avait été pourvu de la prébende de Saint-Sauveur le 26 juin 1753, puis de celle d'Urville le 22 avril 1761, par la résignation de son oncle, qui devait de même lui abandonner sa place de grand-chantre en janvier 1764. Le 2 mars 1758 il avait été reçu maître ès-arts de l'Université de Paris, il y fut licencié en théologie en 1764 (Presbyter Constantinus). La *France ecclésiastique* de 1789 et 1790 donne à M. de Cussy les titres de premier vicaire-général, grand-chantre *honoraire* (c'était M. d'Hauchemail qui était alors titulaire), de 4° archidiacre, et par suite de chanoine *honoraire*.

Au moment de la Révolution, le Chanoine habitait avec les siens l'hôtel de Cussy, devenu plus tard l'Hôtel de Ville. Trois de ses neveux émigrèrent ; un quatrième, Louis-Léonor, après avoir partagé sa popularité et pris une part active aux événements, malgré son jeune âge (23 ans), eut l'honneur de partager la prison et le supplice de son oncle.

Julien-François Léonor, fils de Messire Léonor-Honoré-François de Mons, chevalier, seigneur de Carantilly, Cametours et autres lieux, et de noble dame Léonore-Louise-Angélique du Quesnoi, son épouse, naquit à Carantilly le 25 mai 1760, et y fut baptisé le lendemain. Le Registre paroissial fait de lui un éloge qui semble l'écho de celui que ses ennemis mêmes adressaient au comité de Salut public à la veille de sa mort : « Sa piété, sa douceur et la générosité de son caractère « l'avaient fait remarquer de son évêque qui l'avait nommé chanoine et grand vicaire de Coutances. »

Tonsuré dès le 5 novembre 1769, il était acolyte bénéficier lorsqu'il reçut le diplôme de maître ès-arts de l'Université de Paris le 20 juillet 1782, et *prêtre* au moment de sa licence en théologie (1786). Il l'était d'ailleurs lors de sa promotion au canonicat (10 septembre 1785).

Au moment de l'ouverture des Etats généraux de 1789, de Mons de Carantilly était chanoine de la cathédrale de Coutances et titu-

laire de la Chapelle Saint-Clair en Grimouville. C'est à ce dernier
titre qu'il assistait à l'Assemblée Générale des 3 Ordres du Bailliage
de Coutances le 16 mars de cette année.

De Cussy représentait à la même assemblée le Chapitre de Coutances dont il était *chantre* et *chanoine honoraire* (1) ; il fut élu
pour représenter les divers chapitres du Bailliage du Cotentin
comme premier des dix commissaires chargés de la rédaction du
cahier du Clergé. Après quelques retouches, le texte en fut adopté
à la séance du 24 mars.

Il est intéressant de voir avec quelle largeur d'idées le Clergé
du Cotentin, évêques, abbés, prieurs, curés et prêtres sans bénéfices,
allaient au-devant des réformes réclamées par le Tiers-Etat, tout
en sauvegardant du moins les droits sacrés de l'Eglise. « Les Députés du Clergé aux Etats-Généraux, disait leur cahier, pourront
faire tous les sacrifices pécuniaires que l'intérêt du Royaume exige
dans les circonstances présentes pour le bien de la paix et l'union
des Ordres. » Mais il demandait que le Clergé conservât ses formes
et le droit de répartir lui-même ses impositions. Divers vœux souhaitaient la restitution des dîmes à leur destination primitive, c'est-
à-dire à l'entretien du clergé paroissial, à la décence du culte public et au soulagement des pauvres ; — le maintien aux curés du
droit de choisir leurs vicaires parmi les prêtres approuvés par
l'évêque ; — la fixation d'un minimum de 1500 livres par an pour
chaque curé et d'un taux proportionnel pour les vicaires suivant
le nombre des habitants de chaque paroisse, « avec un supplément
progressif à raison des circonstances locales pour remplacer la *suppression de tout casuel forcé* ; — l'assurance d'une pension après
vingt ans de ministère actif pour les prêtres non pourvus d'un
bénéfice suffisant ; — l'extinction de tous les bénéfices *en commande*, vacance arrivant, et l'application de leurs revenus à des
fondations d'écoles, bourses de collèges, de séminaires, à des hôpitaux et autres établissements pieux et utiles, et spécialement à la
dotation des cures insuffisantes et au dédommagement des bénéficiers dont l'intérêt particulier aurait été sacrifié à l'intérêt général. »

« Une minorité de 32 membres trouva ces concessions insuffisantes et signa le soir même devant notaire une *protestation* qui fut
ensuite imprimée. Ils se plaignaient que le Cahier général du clergé
n'eût pas reproduit toutes les doléances des cahiers élaborés dans
chaque doyenné, qu'il n'ait pas en particulier fait mention du
« Vœu général de désintéressement » auquel on avait substitué
l'idée d'un sacrifice pécuniaire momentané. Après avoir protesté
« contre l'article qui *paraissait* admettre dans le Clergé le prétendu
privilège de s'imposer lui-même, nous déclarons donc, ajoutaient-

<hr>

(1) Arch. Nat. B a 85 ; Cf. B. III, 53 et 64 ; C. 18 l. 62.

ils, que notre vœu est que le Clergé soit imposé comme les autres Ordres et paie en proportion de ses revenus et dans les mêmes formes qu'eux et sur un seul et même rôle, faisant ainsi le sacrifice général de tous les privilèges pécuniaires, et approuvant par ces présentes tout ce que les Etats-Généraux croiront devoir faire pour le bien général ».

Malgré la résistance de la majorité et la défection de plusieurs protestataires, la minorité maintint ses réclamations et les fit déposer sur le bureau du Tiers-Etat ; deux de ses membres crurent même devoir en envoyer copie au Directeur général des finances.

Celui qui se glorifie d'être le chef de cette minorité, et qui rédigea l'une de ces lettres (5 mai 1789), peut être placé ici en face du chanoine de Cussy, rédacteur du Cahier officiel du Clergé. Comme lui, il devait être élu maire de sa commune, en 1790 ; comme lui aussi, et avant lui, il devait périr victime de son dévouement à l'Eglise et au peuple : c'était *Jacques-Joseph Lejardinier-Deslandes*, curé et maire de La Feuille, victime à Paris des massacres de septembre 1792.

On sait comment l'Assemblée Nationale répondit aux avances du Clergé. La suppression de tous les privilèges et de toutes les dîmes, et l'extinction de tous les bénéfices non paroissiaux auraient pu être encore des sacrifices acceptables pour l'Eglise, si son pouvoir spirituel avait au moins été respecté.

Avec les Ordres religieux, les Chapitres furent des premiers frappés. Ils ne manquèrent pas de faire entendre des protestations aussi énergiques qu'inutiles contre cette mesure draconienne qui les condamnait à disparaître. Du moins leurs membres furent-ils traités avec une certaine humanité au point de vue pécuniaire. Entre un minimum de 1.000 livres et un maximum de 6.000 livres de pension, la loi du 24 juillet 1790 leur assurait la moitié de l'excédent de 1.000 livres de leurs revenus précédents.

Les registres concernant la *Liquidation des traitements du Clergé* du Département nous donnent l'évaluation des bénéfices des membres du ci-devant Chapitre de la cathédrale de Coutances. Voici les chiffres concernant nos deux chanoines :

Fol. 141-2 : Jean-François-Léonard de Mons, ci-devant chanoine de l'église cathédrale :

Le *traitement* fut fixé à 2.902 l. 14 s. 2 d., dont 1.000 l. pour le minimum prévu par la loi, et 1.902 l. pour la moitié de l'excédent.

Les livres de compte nous apprennent que des mandats correspondants furent délivrés pour les années 1790 et 1791.

— Fol. 144 : Marie-Louis-Léonord Cussy, ci-devant archidiacre du diocèse de Coutances :

Le *traitement* est évalué à 4.914 l. 9 d., dont 1.000 l. pour minimum et 3.914 l. pour la moitié de l'excédent.

Ces 3.914 l. furent en effet touchées pour les années 1790 et 1791.

Lorsque les traitements furent ainsi liquidés, à la date du 11 octobre 1791, les événements avaient rapidement marché. Les offices publics avaient été interdits au chapitre dès la fin de 1790. La messe basse seule était permise aux chanoines et aux clercs de la ci-devant cathédrale ; et encore le prêtre-sacristain exigeait-il 2 sols par messe bien qu'il n'y eût plus aucune fondation à acquitter. Le directoire du district (1) s'émut des réclamations des catholiques qui se plaignaient de se trouver ainsi privés de messes, et ordonna la gratuité au moins pour les dimanches et fêtes (22 janvier 1791).

En attendant l'Evêque constitutionnel, le district et la municipalité de Coutances se trouvaient embarrassés pour assurer la continuation du culte dans la ville.

M. de Cussy ne paraît comme maire dans aucune des séances du Conseil général (2) où l'on doit traiter les questions religieuses. Le nombre des prestations de serments est d'ailleurs bien restreint. Le clergé des deux paroisses s'abstient, et celui de la cathédrale n'a pas à s'exécuter puisqu'il n'est pas conservé en fonction. Quelques religieux seuls, puis quelques prédicateurs se présentent à Saint-Nicolas (6 février) et plus tard (24 avril) à Saint-Pierre, en même temps que les premiers vicaires de Bécherel, l'évêque constitutionnel, qui ne s'installent que le premier dimanche d'avril.

Le 13 février, le Conseil général de la Commune avait cru devoir députer deux de ses membres « aux grands vicaires encore en fonctions, en la vacance du siège épiscopal, pour les prier de vouloir bien fournir à la Cité un prédicateur pour distribuer le pain évangélique aux fidèles du diocèse pendant la durée du Carême ». Le chanoine de Cussy, absent à la délibération, trouva sans doute singulier ce recours à son autorité religieuse à la veille d'être complètement méconnue de ses collègues. Rien cependant dans les Registres de la Municipalité n'indique la tension qui put exister dans les rapports du maire avec son conseil. Son absence continue ne cesse d'être mentionnée que par l'indication de la vacance de sa place le 28 mai, et de la convocation faite par son successeur, Lepigeon-Boisval, pour la séance du 12 juin. Les raisons de santé, ses infirmités précoces, sont les seuls motifs avérés de son abstention.

Rendus à la vie des simples citoyens, exemptés de la déportation qui frappait si durement les ecclésiastiques anciens fonctionnaires publics ayant refusé le serment de janvier 1791, les deux chanoines purent rester dans leur pays et remplir avec prudence les fonctions délicates de grands vicaires que leur avait confiées Mgr de Talaru en partant pour l'exil.

(1) *Arch. Manche* : Registres du District de Coutances.
(2) *Arch. de l'Hôtel de Ville de Coutances,* Délibérations de la Municipalité,

De Cussy prêta, à la suite des événements du 10 août et des premiers jours de septembre 1792, le *serment de liberté et d'égalité* comme tant d'autres fidèles, prêtres, religieux, et même évêques, afin de détourner d'eux tous soupçons d'antipatriotisme. Les contributions patriotiques, les gardes personnelles ou par remplaçant, furent toujours ponctuellement exécutées par les deux vicaires généraux ; on vit même le chanoine de Cussy, en septembre 1792, donner en une seule fois plus de 2.500 l. pour les défenseurs de la patrie. Son neveu, Louis-Léonor de Cussy, qui devait partager sa captivité et sa mort, se montrait non moins bon patriote en signant le serment de liberté-égalité proposé d'enthousiasme au lendemain des événements du 10 août.

Dès le 23 février 1793, M. de Cussy se faisait donner un *certificat de résidence* non interrompue à Coutances pour échapper à l'inscription sur la liste des émigrés. Ce certificat devait être d'ailleurs renouvelé au 3 juin de la même année ainsi qu'au moment de son incarcération.

Les exécutions du farouche représentant du peuple Lecarpentier allaient enlever la sécurité aux hommes les plus dignes de l'estime et de la confiance de leurs compatriotes. Nous n'avons pas l'intention de rapporter ici en détail les faits qui donnèrent lieu à l'incarcération à Coutances, puis à l'envoi au Tribunal Révolutionnaire de Paris, des 24 citoyens accusés « de fédéralisme et de conspiration contre la Révolution et la Représentation nationale ».

M. Sarot a donné la substance des pièces de ce procès retentissant (1). Nous nous contenterons de résumer celles qui concernent les deux victimes ecclésiastiques.

Ce n'est plus à la Municipalité plusieurs fois épurée de Coutances que nous aurons à demander des renseignements.

C'est le *Comité de Surveillance* de la commune de cette ville qui reçoit mission de faire une enquête sur les détenus.

Nous transcrivons intégralement sa réponse pour les deux chanoines, sans relever autrement les erreurs d'information qu'elle renferme.

Envoi du 18 messidor an II (2).

« Marie-Louis-Léonord Cussy, demeurant à Coutances, âgé de 58 ans, garçon. En arrestation à Coutances depuis et à l'époque du 15 septembre dernier par ordre du district comme ci-devant *chanoine, noble et oncle de 3 émigrés, grand vicaire de Talaru,* ayant *abdiqué ses fonctions de maire de la commune* de Coutances à l'épo-

<hr>

(1) *Sarot* : Les habitants de la Manche devant le Tribunal Révolutionnaire de Paris 1877.

L'auteur rapporte le refus par les autorités de laisser emporter sur la charrette des condamnés, au départ de Coutances, le matelas que la compassion pour les infirmités du chanoine de Cussy lui avait fait parvenir.

(2) Les mots ici en italique sont soulignés au crayon rouge dans les pièces authentiques.

que *où le citoyen Bécherel fut nommé évêque* du même endroit,
ne voulant pas assister à son serment, n'en ayant prêté lui-même
aucun des derniers exigés et violemment soupçonné d'opinions
contre-révolutionnaires. — Il était ci-devant chanoine à Coutances.
Il fut nommé maire de Coutances, il en donna sa démission à
l'époque du serment des prêtres. — Son revenu avant et depuis la
Révolution, sans parler de son canonicat, était de 7 à 8.000 livres.
— Fréquentant ordinairement les gens *riches* et de son ci-devant
rang. Caractère hautain et ambitieux, attaché aux titres et privilèges
de l'ancien régime. Esprit cependant compatissant pour les pauvres
avant comme depuis la Révolution, ayant beaucoup fait de sacrifices pour les deffenseurs de la patrie. *Et néanmoins ne s'étant pas
montré constamment attaché à la Révolution.* »

Envoi du 12 floréal an II.

« *Julien-François-Léonord Demons*, demeurant avant son arrestation en cette commune, âgé d'environ 3o ans, garçon. — Détenu
en la maison d'arrêt de Coutances depuis et à l'époque du 5 du
présent mois (1) par ordre du district comme cy-devant noble, *chanoine et fanatique*, observant que le district a fait passer au Comité de Sûreté générale de la Convention Nationale copie des pièces
qui le concernent. — Il était avant et depuis la Révolution, prêtre,
chanoine et grand-vicaire de Talaru, et depuis n'a rempli aucunes
fonctions publiques. — Sans fortune, son père étant vivant, ayant
justement son traitement de 1.000 livres. — On ne lui connaît pas
de relations particulières autres que sa famille. — Caractère doux,
paisible et facile, ayant remply exactement et personnellement son
service de la garde nationale en bon citoyen. *Mais cependant* en
parroissant attaché à son caractère de prêtre, il ne s'est *pas présenté* à sa section *lors de l'acceptation* de la Constitution. »

Ces pièces n'étaient pas de nature à trop charger les prévenus.
Les certificats réclamés par eux des officiers municipaux leur étaient
plutôt favorables :

Du 15 mars 1793 : attestation que le citoyen Marie-Louis-Léonor
de Cussy a prêté « tous les serments de liberté et égalité dans les
délais prescrits par la loi. »

Du 6 frimaire an II : certificat pour le même de résidence non
interrompue à Coutances, de paiement de toutes les contributions
et de non-inscription sur la liste des émigrés.

Du 27 nivôse an II : certificat de civisme du citoyen Julien-Fran-
çois-Léonor Demons « ayant prêté les sermens requis par la loi »,
quittance des impositions, etc...

De ces pièces, sans aucun interrogatoire, l'accusateur Fouquier-
Tinville tira les chefs suivants d'accusation :

(1) Germinal.
(2) Arch. Nation. W-427-962.

Art. 15. — « Marie-Louis-Eléonard Cussy, ex-noble, ex-prêtre et archidiacre de Coutances, et ci-devant maire dudit lieu, 58 ans, né à Coutances, y demeurant.

... Léonard Cussy, ex-prêtre, ex-chanoine de Coutances, oncle de trois émigrés, nommé maire de Coutances en 1790, a refusé de prêter tout serment, et a donné en conséquence sa démission de maire ; est évidemment l'ennemi du peuple et ne peut-être regardé que comme un contre-révolutionnaire prononcé. »

Art. 18. — « Julien-François-Léonard Demons, ex-chanoine de la ci-devant cathédrale de Coutances, 34 ans, ex-noble, né à Carantilly (Manche) demeurant à Coutances.

... Léonard Demons, ex-noble et prêtre, est prevenu d'avoir, par des manœuvres fanatiques, voulu aliéner les citoyens et leur inspirer la haine de la Révolution, d'avoir provoqué par ses propos la dissolution de la représentation nationale et le rétablissement de la royauté. »

C'est pour ces motifs que le Tribunal condamna nos deux héros, avec dix-sept de leurs co-détenus, à être exécutés dans les 24 heures à la Barrière de Vincennes (1). C'était le 3 thermidor an II (21 juillet 1794).

Le 23 fructidor, la municipalité recevait du district, par lettre en date du 6, avis officiel de l'exécution des condamnés au nombre desquels figurent Louis-Léonard Cussy et Julien-François-Léonord Demons. Leurs biens étaient acquis à la République. La maison des Cussy avait d'ailleurs été transformée en prison par délibération municipale du 3 fructidor.

Parmi les motifs mis en avant par les suppôts de Le Carpentier et de Robespierre pour faire condamner à mort les deux chanoines, il en est deux qui peuvent permettre de les considérer comme *martyrs de la foi catholique* : leur fidélité à leur sacerdoce, et le refus de toute connivence avec les schismatiques. Ce *fanatisme* semble bien avoir eu sur les membres du Comité de Surveillance de Coutances une influence plus importante que le fédéralisme ou les attaques contre la représentation nationale. Le témoignage rendu à leur amour pour les pauvres et à leur générosité pour les patriotes, n'est-il pas d'ailleurs de nature à démontrer le respect dont les ennemis mêmes ne pouvaient se défendre à l'égard des confesseurs de la foi?

---

(1) Nous signalerons ici avec M. Wallon (Trib. R V. T V p. 79), une erreur de rédaction dans l'arrêt du jugement, que nous avons vérifiée par nous-même : « Un de ceux sur lesquels le jury avait répondu affirmativement ne fut pas porté sur la liste des condamnés : c'est Marie-Louis-Léonard Cussy, ex-prêtre (58 ans) ; un autre du même nom Louis-Léon Cussy, ex-noble, qui se trouvait déjà sur cette liste, le fit sans doute omettre. L'ex-prêtre ne fut donc pas condamné : mais il fut exécuté. » Nous devons ajouter que le *Moniteur*, journal officiel, du 9 thermidor (27 juillet), donne bien les 2 Cussy comme ayant été exécutés.

XXXVI. André-Georges Brumauld de Beauregard,
Vicaire général de Luçon.

Né à Poitiers, le 17 mars 1745, de Jean-Charles Brumauld de Beauregard, conseiller du Roy, juge-magistrat en la sénéchaussée du présidial de Poitiers, et de Anne-Françoise de la Garde, André-Georges fut baptisé le même jour à l'église de Saint-Savin. Voué à la Sainte Vierge par sa mère, il renouvela lui-même cette consécration dès l'éveil de sa raison. A l'âge de douze ans il recevait la tonsure. Il fut pourvu en avril 1758 d'un canonicat dans l'église Notre-Dame la Grande de Poitiers ; et, l'année suivante, le premier canonicat à vaquer dans la cathédrale de Luçon lui était promis. Lorsque, le 12 septembre 1762, ce canonicat lui fut assuré, il se démit de celui de Poitiers en faveur de son frère Jean. Le bénéfice de la Gaillarderie à Mouchamps lui fut également donné à la même époque.

Les études qu'il fit chez les Jésuites de Poitiers, et sa préparation au sacerdoce l'intéressaient plus que les honneurs qui lui étaient dévolus. Sa philosophie terminée brillamment ainsi qu'une année de théologie chez ses maîtres de Poitiers, André vint à Paris, en 1763, au Séminaire Saint-Sulpice ; il méritait d'être proposé comme modèle à ses condisciples et à son propre frère lorsqu'il vint l'y rejoindre.

C'est à Paris qu'il fut appelé aux ordinations depuis les ordres mineurs (22 décembre 1764) jusqu'au sacerdoce (20 mai 1769). Maître ès-arts le 1ᵉʳ août 1764, licencié en Sorbonne en 1772, il reçut le titre de docteur le 3 mars 1772.

Malgré les instances de l'évêque de Luçon, qui voulait l'attirer dans son diocèse, il résolut de s'attacher à la Compagnie de Saint-Sulpice, et se démit de son canonicat en faveur de son frère Jean. La direction de la communauté des philosophes qui lui fut confiée altéra profondément sa santé, et il dut retourner dans sa famille. Lorsque les forces commencèrent à lui revenir, en 1774, l'évêque de Luçon le pressa d'accepter la théologale de sa cathédrale, et lui donna l'année suivante des lettres de vicaire général.

Le successeur de Mgr Gaultier d'Ancyse, Mgr de Mercy, le nomma chancelier. Tout en partageant avec son frère Jean devenu vicaire général et grand chantre, une vie modeste et recueillie, il se faisait apprécier de tous par sa grande charité et une aménité qui n'excluait point la fermeté réclamée par ses fonctions. Ces qualités le faisaient facilement admettre chez les hommes publics, chez les ministres, et même chez les princes.

Une des œuvres les plus importantes d'André de Beauregard fut la fondation, vers 1781, du *Petit Saint-Cyr*, maison d'éducation pour les jeunes filles de la noblesse, de la bourgeoisie et même du peuple. Dans une éducation sagement nuancée sous un toit commun, le rapprochement des classes devait se préparer d'une manière toute chrétienne pour le plus grand bien de la contrée. Le règlement élaboré par l'abbé de Beauregard est un modèle de compréhension d'une éducation profondément religieuse, en même temps que proportionnée aux besoins moraux et matériels des différents groupes de jeunes filles qui étaient appelées à la recevoir.

Malgré les oppositions et l'absence des ressources nécessaires, l'œuvre fut bientôt exécutée et son avenir assuré. La confiance et le zèle du fondateur reçurent leur récompense. Au début même de la Révolution, alors que le décret du 13 février 1790 menaçait l'existence de la Communauté en exigeant la suppression des congrégations à vœux solennels, la municipalité de Luçon, par sa délibération du 14 mars, rendit hommage aux Dames de l'Union-Chrétienne pour « le zèle avec lequel cette communauté s'était livrée à l'éducation gratuite et publique de la jeunesse » et fit ressortir l'utilité que la ville en avait retirée et l'avantage que toutes les classes de citoyens pouvaient trouver dans les différents genres d'instruction donnés en cette maison. L'absence de vœux solennels ne permettait pas d'ailleurs de comprendre la communauté parmi celles qui se trouvaient atteintes par la loi. Un mémoire signé par tous les municipaux devait être adressé à l'Assemblée nationale pour réclamer la conservation et la protection d'un établissement si utile. Le refus du serment exigé de ces Dames comme fonctionnaires publiques en 1791 et 1792 amena la fermeture de la maison. La fermeté dans la foi qu'avait su leur inspirer Beauregard se manifesta dans la suite : trois d'entre elles moururent emprisonnées au Mans après avoir subi la détention avec plusieurs de leurs pensionnaires.

Beauregard avait également dirigé pendant de longues années le monastère des Ursulines cloîtrées de Luçon. Toutes refusèrent et le serment de fidélité à la constitution civile et celui de liberté-égalité. Emprisonnées pour ce dernier refus, elles virent onze d'entre elles mourir pendant leur détention.

André de Beauregard avait à soutenir d'autres luttes. En 1789, il avait représenté le Chapitre de Luçon à l'Assemblée du Clergé de Poitiers pour l'élection des députés aux Etats-Généraux. Ce même chapitre n'hésita pas à faire de légitimes protestations contre les envahissements successifs des droits de l'Eglise de France. La suppression du titre de religion d'Etat au catholicisme l'alarma d'abord dans un pays qui avait été déchiré plus qu'aucun autre par les guerres religieuses. La liberté civile accordée aux protestants n'était pas une raison pour leur permettre le culte public et solennel. Cette délibération capitulaire était signée de tous les chanoines, et entre autres de Beauregard chancelier ; on lui en attribua même la rédaction.

Lorsque fut élaborée la Constitution civile du Clergé, le Chapitre protesta de nouveau contre les innovations anticatholiques qu'elle renfermait. Les droits et les devoirs des Chapitres furent revendiqués avec force, et l'engagement pris unanimement de continuer, autant qu'il serait possible, l'exercice du culte et de la prière publique. Le chancelier, « absent lors de cette délibération, y adhéra comme étant l'expression de ses sentiments. »

André de Beauregard n'eut pas à prêter le serment constitutionnel, ses fonctions de chanoine et de chancelier n'étant pas maintenues par la Constitution civile. Mais, au nom de son évêque fidèle, retenu à Paris par ses obligations de député, il travailla avec un zèle mêlé de prudence à empêcher les déplorables effets de la nouvelle législation.

Malgré la discrétion pratiquée et recommandée, malgré le soin de s'en tenir au respect d'une légalité qui permettait l'exercice privé du *culte non-conformiste*, il ne put échapper aux menaces et aux poursuites des Jacobins. Ils lui attribuèrent la diffusion des Instructions épiscopales adressées au Clergé fidèle et la remise de la protestation des évêques de Luçon et de la Rochelle sur le bureau de l'assemblée des électeurs chargés de choisir l'évêque constitutionnel de la Vendée. Traduit devant le Tribunal criminel du Département, de Beauregard avoua sa circulaire aux curés réfractaires, et s'appuya sur les termes mêmes de la Constitution pour invoquer le droit d'émettre sa pensée. Décrété de prise de corps, il put s'échapper et bénéficier de l'amnistie du 15 septembre 1791.

Au mois de janvier 1792, le vicaire gnéral pouvait craindre de nouvelles persécutions en Vendée ; on lui conseilla d'aller rejoindre son évêque à Paris. Il venait d'être mis personnellement en cause à la tribune de l'Assemblée nationale (9 octobre 1791) par le rapport de Gensonné dénonçant la circulaire incriminée aux curés réfractaires. Heureux de défendre avec plus de force et de retentissement sa conduite, de Bauregard fit imprimer la pièce condamnée avec une réponse à Gensonné, et les fit répandre de tous côtés et surtout en Vendée.

Son zèle alla plus loin. Sommé lui-même, avec trente-deux prêtres de la Vendée, de se constituer prisonnier à Fontenay, chef-lieu du Département, par arrêté du Directoire du 9 mars 1792, il alla trouver le ministre de l'Intérieur Roland, et par deux fois lui représenta l'iniquité et le déplorable effet d'une pareille mesure. Dans un Mémoire, il indiquait au ministre la vraie cause des troubles de Vendée : c'était le refus de donner aux populations les prêtres qu'elles désiraient. L'exemple de la liberté du culte dont on jouissait alors à Paris, et qui assurait la tranquillité publique, était un argument assez frappant.

Le silence du ministre ne rebute pas l'avocat de ses frères opprimés. Seuls jusque-là les prêtres non assermentés qui avaient été remplacés par des intrus avaient été l'objet des poursuites du Directoire de la Vendée. Le veto royal opposé au décret de déportation voté par l'Assemblée Nationale le 27 mai 1792 n'empêcha pas qu'il n'eût un commencement d'exécution en dehors de Paris, et particulièrement en Vendée. Le 15 juillet, de Beauregard s'adresse au nouveau ministre de l'Intérieur, Champion de Villeneuve, et lui expose que par le nouvel arrêté départemental du 30 juin, c'est la grande majorité des paroisses qui va se trouver privée de tout secours religieux, même de la part des intrus en nombre infime. La paix maintenue parmi le peuple par le soin du clergé qu'on veut éloigner risque d'être gravement compromise.

Le courageux défenseur de l'Eglise ne pouvait oublier de protester contre l'usurpation par la Municipalité de Fontenay de la maison de ses sœurs de l'Union chrétienne, antérieurement au décret d'août qui ordonnait la fermeture des maisons des communautés séculières ; il écrivit encore à ce sujet au ministre et le saisit en même temps de l'illégalité d'une pétition demandant le renvoi des Filles de la Charité de leurs hôpitaux. Les approches des évènements du 10 août expliquent un peu le silence qui fut gardé à l'égard du pétitionnaire.

Les préparatifs immédiats des massacres de Septembre ne pouvaient laisser dans l'oubli un prêtre réfractaire si compromis. Dans la nuit des visites domiciliaires, de Beauregard reçut la visite des commissaires ; mais ce ne fut qu'au lendemain des massacres (5 septembre) que le Comité général de Surveillance de l'Assemblée Nationale chargea les secrétaires de la Section Le Pelletier d'aller l'interroger à l'Hôtel d'Antin (rue Gaillon) où il habitait. Cet interrogatoire, au milieu de la nuit, établit bien la situation illégale du prévenu. Il est prêtre, il n'a pas prêté le serment constitutionnel, comme n'étant pas fonctionnaire public, et malgré cela il a touché jusque-là la pension accordée aux chanoines supprimés. Mais il n'a pas même donné le serment de liberté-égalité auquel une loi récente l'obligeait s'il voulait recevoir son traitement. — Il ne fera rien contre l'ordre public, puisque c'est là le premier devoir que lui impose sa Religion ; mais sa conscience « ne lui permet pas d'admettre dans ce serment ce qui est contraire à la religion catholique, apostolique et romaine dont il fait profession, et dans laquelle il veut vivre et mourir ».

Conduit à la Section, il invite les commissaires à faire l'examen de ses papiers qui avaient été mis sous scellés. Différentes interventions, et la réaction passagère contre les horreurs des jours précédents lui firent rendre la liberté. Privé de la présence de son évêque qui venait de se déporter en Suisse, de Beauregard ne crut pas devoir rester à Paris. Après deux mois passés en famille à Moulinet près de Poitiers, sa présence fut dénoncée par un faux ami.

Mis en demeure d'obéir à la loi de déportation, sa santé ne lui permit
pas de se soumettre : il fut interné au Petit Séminaire devenu lieu
de réclusion (Janvier 1793).

Au bout de plus de dix mois, le 15 novembre 1793, il eut à subir
un nouvel interrogatoire. On lui objectait les opinions exprimées
dans sa Lettre sur le rapport des représentants en mission dans la
Vendée lu à la Convention. Comme il se reprochait de n'avoir pas
été assez ferme dans l'affirmation de ses principes catholiques, il
les affirma avec plus de force que jamais. Accusé d'avoir passé en
dehors de Paris la majeure partie de l'année 1792, il se fit fort de
produire les certificats de résidence demandés.

Du Petit-Séminaire, de Beauregard est transféré à la Visitation de
Poitiers. Le président du tribunal criminel de la Vienne préparait
un dossier qui lui permît de se débarrasser d'un réfractaire si dangereux. Les renseignements demandés à Luçon et à Fontenay lui
permirent de travailler efficacement à « faire tomber la tête de *cet
animal* ». Le 2 prairial (21 mai) il procéda à un minutieux interrogatoire du prévenu devant le tribunal au grand complet.

Après avoir justifié sa présence à Paris pendant les huit premiers
mois de 1792 et rapporté les détails de son interrogatoire du 5 septembre dans la capitale, il explique les motifs de sa préférence pour
la réclusion, alors que la déportation l'aurait fait considérer comme
émigré volontaire. Il n'était pas fonctionnaire public : à aucun
vicaire général on n'avait proposé le *serment constitutionnel*. Le
serment de *liberté-égalité* était contraire à sa conscience et la loi ne
l'y obligeait pas. Le rapport de Gensonné ne peut le convaincre
d'avoir rien fait contre l'ordre public et le respect des lois. Ses sentiments de respect pour l'autorité, il les exprimait toujours lorsqu'il communiquait au clergé des documents dont ils désiraient
prendre connaissance. Ce n'est pas là du *fanatisme*, ni de la *superstition*. Les catholiques avaient légalement la liberté d'exercer leur
culte, et pouvaient en conséquence communiquer entre eux pour
des matières intéressant leur religion.

Après avoir nié être l'auteur de plusieurs lettres qu'on lui imputait, Beauregard demande à faire une rectification : Le tribunal
ne peut lui donner d'autre qualificatif que celui de prêtre. Depuis
que la loi ne le lui a plus permis, il a cessé de prendre les titres de
chanoine-théologal et de vicaire général.

La sanction de cet interrogatoire fut l'envoi au Tribunal révolutionnaire de Paris du « ci-devant grand-vicaire de l'évêque de
Luçon, chanoine-théologal du Chapitre de cette ville, contre lequel
le Comité de Sûreté générale avait pris des mesures et l'avait mis en
état d'arrestation, à raison des troubles qu'il avait excités dans la
Vendée, et sur le compte duquel Gensonné avait parlé dans un
rapport par lui fait à la Convention. — Ce même Brumaud avait

demandé et obtenu de se déporter, et n'a pas fait usage de cette permission. » Tels sont les termes de la lettre de l'accusateur public de la Vienne qui annonçait à Fouquier-Tinville l'arrivée du prisonnier à Paris. Elle se terminait par cette phrase : « Les lettres qui font partie de l'envoie que je te fais te mettront à même de juger du mérite de ce prévenu. » (4 prairial an II — 23 mai 1794.)

André de Beauregard était accompagné d'un chanoine de Poitiers, Guyot du Rijou, qui devait partager sa détention et son martyre.

De la Conciergerie les prisonniers furent transférés le 15 juin à la Prison-Egalité (ancien collège du Plessis-Sorbonne). Les peines de la réclusion furent adoucies pour le serviteur de Dieu, par les heureux fruits de son zèle sacerdotal. Il eut le bonheur d'amener à la rétractation l'un des quatre prélats qui avaient seuls accepté la Constitution civile, l'évêque de Viviers. On lui prête aussi le même succès auprès de l'évêque constitutionnel de la Vienne.

Le 8 thermidor (26 juillet), Beauregard et Guyot du Rijou furent traduits devant le Tribunal Révolutionnaire. Le réquisitoire de Fouquier-Tinville ne fait que reproduire les accusations inventées contre Beauregard à Fontenay et à Poitiers : « Il a été l'un des conspirateurs les plus audacieux et les plus fanatiques ; prêtre réfractaire, ayant même refusé de prêter le serment de liberté et d'égalité. » Ses lettres et celles qui lui ont été adressées, la distribution des documents *incendiaires* et *fanatiques* destinés à allumer le feu de la guerre civile, prouvent qu'il ne s'est occupé qu'à répandre le système liberticide de rébellion à la loi. Condamné à Paris à la déportation, il s'y est soustrait et s'est rendu dans la Vendée et les Deux-Sèvres pour y fomenter la guerre civile qui y a éclaté.

Après ces accusations fantaisistes, il était facile de conclure « à la nécessité de faire subir à ce scélérat la peine due à ses forfaits. »

Le lendemain, 9 thermidor, le jury répondit en effet affirmativement à la question suivante qui visait en particulier Beauregard : « Sont-ils convaincus de s'être rendus les ennemis du peuple et d'avoir conspiré contre sa souveraineté... en employant le fanatisme pour exciter la guerre civile et armer les citoyens les uns contre les autres ? »

Sans aucun interrogatoire, aucune explication, les accusés sont condamnés à mort, et les dernières charrettes que dut protéger la force publique les emmènent à la place du Trône renversé pour y subir la peine de mort. Robespierre et plusieurs membres du Tribunal avaient déjà reçu le châtiment de leurs épouvantables forfaits.

A la veille de sa mort, Beauregard avait écrit, comme son testament, une lettre à sa vénérable mère. Les plus tendres souvenirs de son enfance, sa consécration à Marie, sa confiance en la miséricorde du Dieu pour lequel il a combattu, il dit tout à cette mère pour l'engager au sacrifice qu'elle va partager de cœur. « Je crois entendre de votre bouche les exhortations touchantes de cette mère de sept enfants (les frères Machabées) qui, sacrifiant au premier de ses devoirs ses plus chers intérêts, transmit à la postérité l'exemple le plus mémorable de sa tendresse et de sa foi. Je sens cette vertu puissante m'élever au-dessus de moi-même, et avec elle, la joie, la confiance se répandre dans mon âme. *Si le moment du combat est si consolant, que sera-ce de la victoire?...* C'est pour vous, la plus chérie des mères et pour *tout ce que vous aimez ;* c'est pour *l'intérêt de la religion,* pour notre malheureuse patrie ;... c'est pour tous ceux qui furent la cause et l'occasion de nos peines, c'est pour mes péchés qu'uni par la foi à Jésus-Christ, mon Sauveur, souffrant et mourant pour moi, plein de confiance en ses mérites, à sa parole, à ses divines promesses, je fais à Dieu le sacrifice de ma vie ; je remets mon âme entre ses mains ! »

Ces sentiments d'un *vrai martyr*, Beauregard les conserva jusqu'à l'échafaud. L'un de ses frères, M. de Monfolon, en a rendu témoignage. Les membres de sa famille n'ont cessé de considérer le serviteur de Dieu comme un *saint* et un *martyr ;* c'est la tradition des fidèles de Luçon comme de Poitiers ; et les grâces attribuées à son intercession privée semblent donner raison à cette confiance.

Documents : publiés dans la Monographie de Beauregard par le Chanoine Boutin, de Luçon.

XXXVII. Jean Guiot du Rijou

Sous-chantre du chapitre Saint-Pierre de Poitiers.

Né le 3 octobre 1737 à Leigné-les-Bois, au diocèse de Poitiers, et baptisé le lendemain, Jean Guiot était fils de Joseph, seigneur du Rijou et de Marie Lucas. L'acte de baptême porte *Diot* au lieu de Guiot. Cette orthographe, conforme à la manière de prononcer du pays, se retrouve également dans le registre des ordinations de Poitiers à l'époque de la tonsure (9 décembre 1751). Mais les parents et Guiot lui-même ont toujours signé Guiot ou Guyot.

Les registres des Insinuations de Poitiers de 1770 et 1771 nous donnent tous les titres ecclésiastiques de Guiot à cette époque : prêtre, bachelier et licencié ès-arts, pourvu de sa lettre de nomination de 1768, après achèvement des cinq années d'études en l'Université de Poitiers. Il fut depuis syndic de cette Université. Dès 1773 il était sous-chantre et chanoine du chapitre Saint-Pierre de la même ville. Il conserva ce double titre jusqu'au jour de la suppression des chapitres par la Révolution. La liquidation de son traitement, qu'il toucha jusqu'en 1793, nous apprend qu'il était également chapelain de Saint-Jean.

« Il continua, raconte l'abbé Guillon, d'habiter Poitiers après
l'antireligieuse dispersion des chapitres. En cette province où la foi
se montra si ferme et si vive, ce digne ecclésiastique contribua beaucoup, par son zèle et par sa conduite, au spectacle d'édification que
présentait le Poitou. »

Comme chanoine, du Rijou n'était pas tenu au serment de la
Constitution civile. Il prêta sans difficulté le serment de liberté-
égalité le 23 septembre 1792. Les écrits trouvés chez lui et ses expli-
cations au moment de son interrogatoire nous montreront qu'il ne
l'envisageait qu'au point de vue civil et politique.

En exécution d'un arrêté des corps administratifs de Poitiers
qui ordonnait l'arrestation des personnes suspectes, le 22 mars 1793
le chanoine fut saisi chez lui malgré ses protestations et incarcéré
au Grand Séminaire. Ses papiers furent saisis et portés au Tribunal
criminel. Le 19 ventôse an II (9 mars 1794), il comparaissait devant
ce tribunal. Il affirme n'avoir fait aucun sermon depuis le 5 février
1791, bien qu'on ait trouvé chez lui quelques dicours composés à
une date antérieure. Non fonctionnaire public, il n'a pas eu à prêter
le serment de 1790. Quant à celui de 1792, il l'a prêté le 23 septembre dans le sens qui est exposé dans l'explication saisie à son domicile : « les mots de liberté et d'égalité doivent s'entendre, sauf preuve
du contraire, suivant l'usage constant et la signification qu'ils ont
eus jusqu'ici ; c'est d'ailleurs le sens propre et naturel de ces
termes. »

Répondant à une question du juge, il déclare que, en le prêtant,
il n'a pas cru s'engager en quoi que ce soit quant au spirituel, mais
seulement que quant à *ce qui regarde le civil et le politique.*

Une autre explication de ce même serment, trouvée dans sa
poche, et qui ne contenait que des diatribes, n'est nullement conforme à ses idées.

Pour les papiers contre-révolutionnaires saisis à son domicile, il
ignore leur provenance. Il n'est pas non plus l'auteur de certaines
chansons aristocratiques, même de celle qu'il a déchirée au moment
de son arrestation.

Il n'a jamais réuni chez lui quarante personnes pour faire des
exercices de piété connus sous le nom de *Pénitence de Ninive.*

Le 22 ventôse, le Tribunal criminel juge que rien dans ses attri-
butions ne peut lui permettre de juger une semblable affaire, et
renvoie l'accusé au Tribunal Révolutionnaire de Paris, comme
« prévenu de rébellion aux autorités constituées et de correspondance et intelligence avec les ennemis de la République. » Les pièces
furent apportées le 23 germinal, au nombre de 45.

Le 8 thermidor, Fouquier-Tinville préparait son avant-dernier
réquisitoire. Guiot du Rijou était de la fournée comme son compatriote Brumauld de Beauregard : « Ex-prêtre réfractaire, ex-chanoine

de l'église de Poitiers, ex-noble, doit *encore* être regardé comme un des auteurs des crimes et des forfaits dont le fanatisme a souillé le territoire français. Les correspondances avec les ennemis de la *R. P.*, les écrits antirévolutionnaires faits et rédigés par lui, les ouvrages imprimés des ennemis les plus connus du peuple français saisis chez lui prouvent que, comme prêtre et comme noble, il a cherché dans des projets de contrerévolution, les moyens de faire revivre les privilèges nobiliaires ou sacerdotaux dont le peuple l'a si justement dépouillé. »

Ces écrits, envoyés de Poitiers, c'était sans doute la copie des statuts et actes capitulaires remontant au xiii° siècle et certains procès-verbaux de l'Université de Poitiers !

Le lendemain la mort était décrétée. La famille et ses compatriotes de Leigné-les-Bois ont conservé le souvenir de sa mort sanglante.

Documents : Arch. Nat., W.-434-974.

ARTICLE SUPPLÉMENTAIRE

Jean-Arnauld DE CASTELLANE, *Evêque de Mende*,

Massacré à Versailles, le 9 septembre 1792,

et Michel-Ange DE BRUGES, *Vicaire Général de Mende*,

Guillotiné à Paris.

Né à Pont-Saint-Esprit (Gard), le 11 décembre 1733, Jean-Arnauld de Castellane y fut baptisé le même jour. Les registres du Séminaire Saint-Sulpice de Paris nous donnent, écrite par lui-même, la date de son entrée en théologie :

« Joannes-Arnaldus de Castellane, clericus Ucetencis (d'Uzès), natus anno 1733 die decembris, admissus in Seminario die decima tertia octobris 1752, e communitate Philosophorum. »

C'est donc à Saint-Sulpice qu'il avait fait sa philosophie, et qu'il commença au moins sa théologie. C'est toutefois à l'Université d'Avignon que nous le voyons prendre le titre de bachelier en théologie le 14 juin 1757.

Il avait été tonsuré à Paris, aux Grands-Augustins, le 14 août 1750 ; il fut minoré dans la capitale en mars 1754. Les indications manquent pour le reste de ses ordinations.

De Castellane était aumônier du Roi lorsqu'il fut nommé vicaire général de Reims le 6 juillet 1763. L'évêché de Mende lui fut donné le 1er novembre 1767, et il fut sacré dans la chapelle du Roi le 14 février 1768.

La situation toute spéciale des évêques de Mende les exposait à
des difficultés d'administration. Ils joignaient à leur puissance
ecclésiastique le titre et les occupations de seigneurs temporels
du Gévaudan, relevant uniquement du Roi de France. La conservation de ces privilèges à la veille de la Révolution coûta au nouvel évêque. L'abstention de certaines formalités dans la présentation des trois consuls de la ville épiscopale l'engagea à refuser
leur choix (1769). Les consuls nommés en 1770 par arrêt du Parlement de Toulouse ne pouvaient avoir ses bonnes grâces. Une opposition se fit parfois sentir, et aux élections de 1789, l'évêque fut
battu par l'abbé Brun, curé de Saint-Chély-d'Apcher.

Une demi-compensation lui fut cependant donnée dans l'élection
comme député-suppléant de son neveu et vicaire général, l'abbé
de Bruges.

Michel-Ange de Bruges était né à Vallabrègues (Gard), le 9 février 1743, et y avait été baptisé le 15. Son père, Jean-Baptiste,
écuyer, ancien exempt des gardes de corps du Roy, Chevalier de
Saint Louis, avait épousé Gabrièle Gasparde de Castellane, sœur
du futur évêque de Mende. Entré dans la carrière militaire, nous
le trouvons en 1763 sous-lieutenant au régiment de Lamballe (Beau-
jolais). Une note d'inspection de Mai 1764 indique qu'il ne paraissait guère dans sa voie : « Sous-lieutenant de Bruges, nouveau et
neuf. » Il abandonna le service en 1766.

Par son testament du 18 mai 1745, le père de Michel-Ange lui
avait légué « la somme de 4.000 livres, et par-dessus une pension
viagère de 100 livres, le tout payable à sa majorité, et en cas que
ledit fils voulut se faire prêtre ou religieux, il chargeait la dame
son épouse ou son héritier (le fils aîné) d'en faire toute la dé-
pense jusqu'à ce que ledit Michel-Ange ait atteint l'âge de 24 ans. »

Ce fut sans doute cette prévoyance paternelle qui engagea
Michel-Ange à entreprendre les études ecclésiastiques.

Nous le trouvons ordonné sous-diacre à Viviers le 11 juin 1770,
et prêtre au même endroit le 23 février 1771, sans doute avec dimissoire de l'évêque d'Uzès.

Bientôt son oncle devait l'appeler comme vicaire général à
Mende le 29 octobre 1771. Il reçut en outre la cure de Barre-des-
Cévennes, le 18 octobre 1772, et fut nommé par les représentants
du clergé diocésain syndic de la Chambre ecclésiastique, le 17 mai
1774. Il fut le bras droit de son oncle jusqu'à son départ comme
député à l'Assemblée Nationale.

De Castellane avait conservé des amis à Paris. Le Chapitre de
cette ville lui conférait en effet la Chapellerie de Saint-Eutrope le
5 mars 1783.

Les évènements du début de la Révolution allaient consoler
l'évêque de Mende des quelques oppositions qu'il avait éprouvées,

par l'attachement presque unanime de son clergé au milieu des plus graves difficultés.

La plus grande partie de l'ancien diocèse de Mende forma le nouveau département du Gévaudan, appelé depuis département de la Lozère. L'évêque protesta contre les mesures anticatholiques qui se succèdent au cours de l'année 1790. La constitution civile du clergé fut énergiquement repoussée, dans une lettre aux administrateurs de la 'Lozère, puis dans un mandement public. Une infime minorité de ses prêtres accepta le serment schismatique. Quelques échaufourées marquèrent la tentative d'intrusion des curés constitutionnels. Les administrateurs du District de Florac avouent eux-mêmes cette défaite des révolutionnaires dans une lettre du 21 juillet 1791 écrite pour demander l'envoi de troupes dans le département :

« La majeure partie du département est catholique, il n'y a
« qu'une partie de ce district où la religion prétendue réformée
« est suivie. Le peuple catholique est le plus ignorant et le plus
« fanatique du Royaume. Les prêtres y sont presque tous opposés
« à la constitution du Clergé. Ils ont persuadé au peuple que la
« religion est en danger et qu'il faut la défendre.

« *M. Castellane* ci-devant évêque habitant au château de Cha-
« nac, qui est une propriété nationale située à 2 lieues de Mende,
« répand partout des libelles et des écrits incendiaires. Il y est
« continuellement gardé par des satellites habitants de Chanac, et
« il a une grosse provision d'armes et de munitions pour résister
« en cas qu'on voulut le déloger. »

..... « Nous croyons très nécessaire... d'envoyer un régiment
« dans ce département pour y protéger l'exécution de la loi, et
« ordonner les dispositions nécessaires pour en déloger le Sr Cas-
« tellane ci-devant évêque. »

Le Directoire du département se crut obligé de vérifier par lui-même les allégations des administrateurs de Florac. Le 22 octobre, il ordonnait une perquisition au château de Chanac. Le 29, il en rendait compte au ministre de l'Intérieur à Paris : « Il a résulté qu'il n'y avait que quatre fusils. »

Lorsque les troupe demandées furent cependant envoyées à Mende, leur attitude amena des rixes avec la garde nationale, et l'officier qui les commandait fut obligé de les éloigner (27 février 1792). Dès le 1er mars le commissaire du Roi d'Angles racontait comment avaient été calmés ces troubles dus, disait-il, aux troupes du 27e de ligne (ancien Lyonnais) « excitées et grisées par les Clu-bistes et les vicaires constitutionnels de Mende... Depuis le départ de ces troupes, ajoute-t-il, le calme règne ; on ne craint que le retour de ces soldats ou l'arrivée des protestants. C'est surtout Châteauneuf-

Randon, ancien constituant et président du Conseil général de la Lozère, qui a poussé à l'appel de ces troupes ».

Et en effet, celui-ci dans ses rapports, ne cessait de parler des « malintentionnés continuellement occupés à exciter des fomentations dans les paroisses livrées au poison du fanatisme ». Il les accusait de faire fabriquer des quantités énormes de piques, et de préparer la fonte des canons à Mende avec les cloches du grand clocher de la cathédrale.

Lorsqu'à la fin de mars des perquisitions minutieuses furent faites, on trouva un baquet de poudre et 180 fusils, dont on dut laisser 114 à la municipalité pour le service de la garde nationale.

Mais l'affaire fut portée à l'Assemblée Législative à Paris. Le *Moniteur Universel* rapporte les débats qu'elle souleva à la séance du 28 mars. En vain une députation de la municipalité de Mende vient-elle expliquer les faits, elle n'est pas admise à la séance. Les pièces qu'elle produit ne sont pas examinées : « le juge de paix qui a pu faire cette procédure ne mérite pas beaucoup de foi... » Quand à M. Castellane, il est accusé par le district de Florac d'avoir donné 1.000 livres à la garde de Chanac pour cette expédition. Ce qui est assuré, c'est qu'il a remis 150 livres... Il a échappé d'ailleurs par l'amnistie du 24 septembre aux poursuites du tribunal de Florac à cause d'une lettre pastorale très incendiaire. »

Inutilement plusieurs députés font remarquer qu'on n'a pas de preuves légales contre le ci-devant évêque, des *on-dit* simplement : on ne peut établir qu'il ait reçu 500 fusils de la manufacture de Saint-Claude. Le rapport de la Commission n'établit rien de certain. — L'Assemblée n'en décide pas moins, à l'applaudissement des tribunes, qu'il y a lieu à accusation contre M. Castellane, et Merlin trouve cette raison péremptoire : « Il y a assez longtemps que les ennemis de la patrie restaient impunis. Il est bien naturel d'applaudir à un acte de justice rendu contre eux. »

Dès que l'abbé de Bruges, alors à Paris, connut le décret d'accusation porté contre son oncle et ses autres compatriotes, il s'efforça de devancer le courrier du gouvernement. Arrêté en route, il put cependant faire avertir les intéressés à temps, et lui-même expliqua aux autorités constituées qu'il n'avait entrepris ce voyage que pour ramener la paix parmi ses concitoyens : il put ainsi revenir sans autre péril à la capitale.

L'évêque de Mende, avec un passeport de Monastier (Haute-Loire) partit pour Lyon ; puis dans la crainte d'être découvert, il vint chercher un asile à Paris, d'où il se mit en route pour Metz. Arrêté avec plusieurs membres de sa famille par la Municipalité de Dormans, il avoua ses intentions ; ayant entendu dire qu'il était décrété d'arrestation, il craignait d'être transféré à Orléans dans une saison froide et humide avec les infirmités dont il était accablé depuis 20 ans. Il se proposait donc d'aller à Metz attendre la belle saison avant de se constituer prisonnier.

L'Assemblée Législative prévenue remit l'affaire au Pouvoir exécutif ; et le Roi, en donnant l'ordre de transférer le fugitif à Orléans, recommanda de le traiter « avec les soins qu'exigeaient son âge et le mauvais état où paraissait être sa santé. »

D'avril à septembre 1792, de Castellane attendit son jugement par la Haute-Cour d'Orléans. Celle-ci se fit remettre les pièces que l'Assemblée Nationale n'avait pas examinées. Le jugement n'était pas prononcé lorsqu'arrivèrent les événements du 10 août ; on demanda le transfert à Paris des accusés de la Haute-Cour. Pour les sauver on voulut d'abord les diriger sur Blois ou sur Saumur. Une troupe envoyée de la capitale les emmena vers Paris.

Dans une dernière étape à Etampes, l'évêque de Mende fit connaître à ses compagnons la nécessité de se préparer au sacrifice que tout annonçait comme prochain. Le 9 septembre on leur fit prendre la route de Versailles. Au moment où ils allaient passer la grille de l'Orangerie pour y trouver un refuge, des individus appostés d'avance en fermèrent les portes, et la multitude, débordant l'escorte, se précipita sur les charrettes et mit à mort les prisonniers avec des raffinements de cruauté.

Le procès des Septembriseurs de Versailles (17 et 20 messidor an III) nous fait connaître en détail les outrages qu'eut en particulier à subir de Castellane. Une femme Perrin, dont le mari avait été l'un des instigateurs du massacre, se vanta le jour même, devant de nombreux témoins, de lui avoir enfoncé les yeux à coups de talons : « Il levait les yeux au ciel, disait-elle, et il avait l'air de demander pardon à Dieu : je les lui ai enfoncés : c'était un évêque. » Puis saisissant le sabre d'un soldat, elle lui coupa un doigt qu'elle se plaisait à montrer aux passants. Pendant plusieurs jours, elle le laissa suspendu à sa fenêtre : c'était pour le faire sécher. Elle voulait ensuite l'enchâsser afin de le montrer plus tard à ses enfants.

Les restes des victimes furent jetés pêle-mêle dans un coin de l'ancien cimetière Saint-Louis.

C'est bien à son opposition à la Constitution civile, et à la persécution dirigée contre lui par les Calvinistes et les révolutionnaires que l'évêque de Mende dut son emprisonnement, et par suite cette mort odieuse, comme les évêques et les prêtres massacrés quelques jours auparavant à Paris.

Après la fuite de l'évêque de Mende, l'abbé de Bruges était rentré à la capitale. Le 31 mai 1793, ordre était donné de l'arrêter dans son domicile de la rue Fromenteau. Le certificat de prestation du serment de liberté égalité, un passe-port de Mende, ses billets de gardes et de contributions patiotiques permirent de lui rendre la liberté, avec l'injonction toutefois d'être plus réservé dans ses paroles.

La loi de septembre 1793 allait l'exposer à de nouvelles poursuites. Avait-on fait parvenir à Paris les accusations que nous trouvons contre lui dans un rapport du Comité de surveillance de Florac? Tout au moins ce rapport dut aider à sa dernière condamnation. Chez une de ses nièces par alliance, *la Bruges, femme Cabot,* on avait trouvé deux lettres de lui, dont une anonyme datée du 7 mars : « Il faut même, disait le rapport, qu'il eût été enfermé, puisqu'il y dit qu'il craignait d'être guillotiné avant de pouvoir sortir... Nous n'avons pas de doute d'après cela que le ci-devant Abbé ne fut un des agitateurs renfermés dans Paris pour travailler le peuple.»

Dès le 29 septembre, de Bruges, avait été arrêté rue des Filles-Saint-Thomas sur la section de 92 et renvoyé devant la section des Gardes Françaises où se trouvait son domicile. En vain rapporte-t-il les mêmes moyens de défense qu'au 31 mai ; en vain montre-t-il de nouveau qu'il était chargé d'affaires importantes de tissus pour son département. On lui objecta son opposition comme député à la Constitution de 1790 : « Il croyait, répond-il, qu'elle ne valait rien, qu'elle donnait trop de pouvoir au ci-devant Roy. » Réponse qu'on ne peut attaquer en faux lorsqu'il s'agit des écarts de cette constitution au point de vue religieux. — Le Comité, considérant que le citoyen Bruges lui a déjà paru suspect en plusieurs occasions comme ci-devant noble et chanoine de la Cathédrale de Mende, et ex-constituant de l'ordre du Clergé, qu'il *est possible* qu'il ait quelques relations avec les départements révoltés, met le dit citoyen en état de sûreté, et le fait conduire à la Mairie par la force armée.

Le 23 du premier mois (14 octobre) la Commune de Paris ordonnait son extraction de la Force pour assister à la perquisition commandée à son domicile. On y trouva quantité de brochures, adresses, mémoires, lettres pastorales, correspondances, etc... Tous ces documents, conservés au Séquestre, sont intéressants pour l'histoire du Gévaudan à l'époque où éclata la Révolution ; aucun ne prouve la culpabilité ou l'imprudence de leur possesseur. Il n'en fut pas moins maintenu en prison.

Lorsque furent inventées les prétendues conspirations des détenus, de Bruges ne fut pas oublié. Il fut l'une des 45 victimes de la prison des Carmes (5 thermidor-23 juillet) immolés sans interrogatoire. Ses titres n'étaient-ils pas suffisants pour mériter la mort : « Michel-Ange Bruge, ex-noble, ex-prêtre, ex-constituant, et ex-grand vicaire de l'Evêque *inconstitutionnel de Mende.* » Il rentrait évidemment dans la classe de ces « ex-prêtres, qui se sont

rendus complices des ex-nobles, dans l'espoir de pouvoir enorc
tromper les peuples et régner sur eux par le fanatisme et le
mensonge », comme s'exprimait Fouquier-Tinville dans son réquisitoire.

L'abbé Guillon rapporte les dernières paroles de l'abbé de Bruges en se rendant à l'échafaud : « Ne nous affligeons point, mes
amis, disait-il à ses compagnons de supplice, de perdre une vie
toujours mêlée de tant de misères, soit corporelles, soit spirituelles.
Nous contractons tous en naissant la nécessité de mourir, et la
seule manière dont les chrétiens doivent souhaiter de terminer
leurs jours, c'est de finir par une mort précieuse aux yeux du Seigneur. »

Les familles de Castellane et de Bruges ont conservé religieusement le souvenir de la mort héroïque des deux victimes. Le portrait
de l'Evêque de Mende, à la place d'honneur dans le salon du chef de
famille, porte cette inscription : « Mis à mort pour la Foi, à Versailles, le 9 septembre 1792. »

Dès qu'on eut appris la constitution du Tribunal ecclésiastique
de Paris pour préparer le Procès informatif des Martyrs du Tribunal
Révolutionnaire, parmi lesquels se trouvait l'abbé de Bruges, on
demanda avec instance l'adjonction de la cause de l'*oncle* à celle
du *neveu*.

Dans la lettre de Victoire de Saint-Luc, l'une de nos martyrs,
adressée au prêtre constitutionnel Louëdon, nous trouvons le passage suivant par lequel elle marque sa vénération pour l'évêque prisonnier : « A Laval, le respectable évêque de Dol et trois de ses
grands vicaires, avec 600 prêtres, sont entassés en d'affreux cachots,
couchés sur la paille, réduits au pain et à l'eau. Mgr de Castellane,
évêque de Mantes (Mende) est renfermé depuis longtemps dans les
prisons d'Orléans... Voilà les *héros martyrs* de la religion qui en
font le triomphe. »

A Mende, la tradition rapporte une apparition de l'évêque martyr à une enfant, le jour même de son exécution.

C'est avec bonheur que le Coadjuteur du diocèse de Mende a prié,
comme l'évêque de Versailles et les membres de la famille, Son Eminence le Cardinal-Archevêque de Paris, d'unir la cause de Mgr de
Castellane à celle des victimes immolées dans la capitale. Il ne
convenait pas de laisser dans l'oubli cet évêque fidèle, alors que les
cinq autres prélats français, victimes comme lui des fureurs révolutionnaires, étaient déjà présentés à Rome (1) pour les honneurs de
la Béatification.

Documents : Archiv. départem. de la Lozère. — Archiv. Nat. :
W-429-965. — F7 4619. — F7 3681-13 et 14. — B B 3. 19. — Arch.
départem. de Seine-et-Oise L-II-V. — Archiv. de la guerre. — Bibliothèque Nationale : Carrés d'Hozier-137. — Nouveaux d'Hozier-72.

TABLE ANALYTIQUE

Articles Généraux

La Persécution contre les catholiques sous le règne de la Convention.

ARTICLES PARTICULIERS

1re SECTION : *Serviteurs de Dieu arrêtés
dans le Département de Paris.*

A. — Les conspirations des prisons.

I. DE SAINT-SIMON, évêque d'Agde.

II. ROYER, vicaire général et député d'Arles.

III. DESOUCHES, vicaire à Saint-Nicolas des Champs.

IV. DE SALIGNAC-FÉNELON, patron des métallurgistes du Creusot et des Petits Savoyards.

V. DIDIER, chanoine de Sainte-Opportune.

VI. Dom DE NONANT, prieur des Chartreux de Paris.

VII. QUEUDEVILLE, oratorien, puis curé de Coulans.

VIII. ATTIRET, chapelain de Notre-Dame.

IX. DE BRUGES, député de Mende.

X. DE MONTMORENCY-LAVAL, **Abbesse de Montmartre.**

XI. Joseph RAOULX, doctrinaire.

XII. ASSY, vicaire perpétuel en l'église métropolitaine.

XIII. HÉBERT, 1er curé de Courbevoie.

XIV. SELLOS, vicaire de Fontenay-les-Louvets.

XV. BROQUET, chapelain de Notre-Dame.

B. — Avant les conspirations des prisons.

XVI. VANCLEEMPUTTE, vicaire de St-Nicolas-des-Champs.

XVII. Dom COURTIN, vicaire général de l'Ordre de Cluny.

XVIII. Dom MEFFRE, maître des novices de St-Martin-des-Ch.

XIX. Dom ADAM, sacristain de St-Martin-des-Champs.

XX. OLLIVIER DES PALLIÈRES, vicaire général de Montpellier.

XXI. GOYON, recéleuse de prêtres et de religieuses.

XXII. AUBERT, fille de Saint-Thomas.

XXIII. DESMARAIS, fille de Saint-Thomas.

ERRATA

Pages 9, 2ᵉ alinéa, lire : 10 mars 1793.

19, 2ᵉ aliéna, lire : Les corps administratifs.

19, 5ᵉ alinéa, lire : qui auraient pu leur être accordés, même pour ce qui pourrait leur en être dû jusqu'à ce jour.

22, 1ᵉʳ alinéa, lire : **13**.

Numéros IV, 4ᵉ alinéa, lire : le soin spirituel de ses vassaux.

V, 4ᵉ alinéa, lire : fin octobre 1793.

XXVII, dernier alinéa, lire : 28 ventôse (18 mars).

IMP. P. TÉQUI, 92, RUE DE VAUGIRARD, PARIS.